– HANNA

DE CHORAL EVENSONG IN DE PRAKTIJK

THEOLOGISCH › LITURGISCH › MUZIKAAL

KOKBOEKENCENTRUM UITGEVERS – UTRECHT

Boekverzorging: Studio Anton Sinke
www.antonsinke.nl
Foto voorplat: Kampen Boys Choir 2015, © Freddy Schinkel; foto achterplat: Roder Jongenskoor en Kampen Boys Choir 2018, © Henk Stoel
Foto auteur: Communicatie PThU

ISBN 978 90 239 5686 0
NUR 669
www.kokboekencentrum.nl

KokBoekencentrum Uitgevers vindt het belangrijk om op milieuvriendelijke en verantwoorde wijze met natuurlijke bronnen om te gaan. Bij de productie van het papieren boek van deze titel is daarom gebruikgemaakt van papier waarvan het zeker is dat de productie niet tot bosvernietiging heeft geleid.

De Choral Evensong in de praktijk

Voor Elisabeth en Anna

Angel-voices ever singing

Angel-voices ever singing
round thy throne of light,
Angel-harps, for ever ringing,
rest not day nor night;
Thousands only live to bless thee
and confess thee
Lord of might.

Thou who art beyond the farthest
mortal eye can scan,
Can it be that thou regardest
songs of sinful man?
Can we know that thou art near us,
and wilt hear us?
Yea, we can.

For we know that thou rejoicest
o'er each work of thine;
Thou didst ears and hands and voices
for thy praise design;
Craftsman's art and music's measure
for thy pleasure
All combine.

In thy house, great God, we offer
of thine own to thee;
And for thine acceptance proffer
all unworthily
Hearts and minds and hands and voices
in our choicest
psalmody.

Honour, glory, might and merit
Thine shall ever be,
Father, Son and Holy Spirit,
Blessed Trinity.
Of the best that thou hast given
earth and heaven
render thee.

FRANCIS POTT (1832-1909) – NEW ENGLISH HYMNAL 336

INHOUD

DEEL I: INTRODUCTIE

DEEL II: DE ENGELSE REFORMATIE

DEEL III: DE CHORAL EVENSONG

DEEL IV: MUZIEK EN LITURGIE, RITUELEN EN REFLECTIE

DEEL I
INTRODUCTIE

St Paul's Cathedral, Londen.
(Foto: Hanna Rijken)

1 | INLEIDING

'... the offices of Morning Prayer and of Evensong, as they are performed even today in St Paul's, Westminster Abbey, York Minster, or Canterbury Cathedral, are not only one of the most expressive, but also one of the purest forms of Christian common prayer to be found anywhere in the world.'

LOUIS BOUYER[1]

Een van de mooiste liefdesverklaringen aan Engeland en de anglicaanse kerk is *Papier als reisgenoot* (1975) van Willem Barnard. In lyrisch proza, waarvan de grens met metafysische poëzie regelmatig vervaagt, beschrijft hij zijn reizen door het land van bekoorlijke of juist stoere kathedralen, intieme dorpskerken en dichters als William Cowper en George Herbert. Zijn geliefde vervoermiddel was de bus, de ouderwetse dubbeldekker, waar hij als het even kon een plaats bemachtigde op het bankje linksvoor op het bovendek. Zo waande hij zich Hannibal op de rug van een reusachtige rode of groene olifant, uitkijkend over de liefelijke heuvels van William Blake. Ook Barnards vriend en mede-dichter Jan Willem Schulte Nordholt schreef een boek over Engeland: *Een tuin in het water* (1973). In *Leven in zinsverband*[2] blikt Schulte Nordholt terug op de Engelandreizen die Barnard en hij zowel gezamenlijk als afzonderlijk maakten. Hij vertelt hoe Barnard hem aanstak met diens liefde voor Engeland, de 'anglicitis'. De titel van zijn bijdrage is 'There is a land of pure delight', naar het gelijknamige lied van Isaac Watts.[3] Het mag inmiddels duidelijk zijn dat deze titel niet alleen slaat op het hemelse paradijs, maar ook op Engeland zelf.

Eerste kennismaking

De eerste evensong die ik zelf in Oxford bijwoonde, herinner ik mij nog goed. Dat was in de met kaarsen verlichte kapel van New College, op een prachtige dag in de herfst. Het koor, destijds nog onder leiding van Edward Higginbottom, zong onder meer het Magnificat en Nunc dimittis van Henry Purcell (1659-1695). De hoge kwaliteit van de muziek, de tek-

1 Louis Bouyer, *Life and Liturgy*, Londen, 1962, 61.
2 J.W. Schulte Nordholt, 'There is a land of pure delight', in: Ad den Besten, Jan Doelman en Leendert-Jan Parlevliet (red.), *Leven in zinsverband. Over het werk van Willem Barnard Guillaume van der Graft*, Voorburg, 1990, 79-87.
3 Schulte Nordholt maakte een vertaling van dit lied, 'Er is een land van louter licht' (*Liedboek* 753).

sten, maar ook de toewijding die ik ervoer en het besef een eeuwenoude traditie binnen te stappen, maakten een diepe ontroering bij mij los. De werelden waarin ik leefde, die van de muziek aan het conservatorium en de theologie aan de universiteit, kwamen samen op een voor mij tot dan toe ongekende wijze. Het hoge niveau van koorzang kende ik alleen van de concertzalen, maar in Engeland klinkt de muziek op dit niveau in de liturgie, tot lof en eer van God, dag in dag uit.

Verbinding

De Engelse kathedrale muziek en liturgie, met name de choral evensong, wordt in Nederland breed omarmd. Ik heb al dikwijls ervaren dat de muziek als een brug kan fungeren tussen verschillende kerkelijke denominaties en ook tussen kerkelijken en niet-kerkelijken. Zoals de anglicaanse priester en professionele zanger Jonathan Arnold fraai verwoordt: ‘Music is the bridge between two places: sacred and secular.’[4] Ook tijdens de colleges kerkmuziek die ik geef aan theologiestudenten en predikanten aan de Protestantse Theologische Universiteit ondervind ik dat Engelse kerkmuziek verbindend werkt.

De toe-eigening in Nederland

Rond 1980 worden de eerste evensongs in Nederland gehouden buiten de context van de anglicaanse kerk. Er wordt bij voorkeur een monumentale kerk uitgezocht met een goede akoestiek en een mooi orgel. De zangers hullen zich in koorgewaden en zingen de liturgie helemaal of grotendeels volgens de traditionele orde van de anglicaanse kerk. De evensongs zijn zeer geliefd, er komen veel bezoekers op af. Dat is opvallend, zeker in een tijd waarin het kerkbezoek op zondagmorgen afneemt. Er komen mensen uit de hele breedte van de kerk naar de evensongs toe, maar ook veel mensen die op zondagmorgen niet meer naar de kerk gaan. Als redenen om te gaan worden onder meer genoemd: de verstilling, de schoonheid, de ervaring van heiligheid en ‘opgetild worden’, en de verbinding. ‘Een vluchtheuvel in het bestaan,’ zegt iemand.

In mijn proefschrift heb ik onderzocht waarom de choral evensong in het geseculariseerde Nederland zo’n aantrekkingskracht heeft. De centrale vraagstelling van mijn onderzoek *‘My Soul Doth Magnify’. The Appropriation of Anglican Choral Evensong in the Netherlands* was: hoe

4 Jonathan Arnold, *Sacred Music in Secular Society*, Farnham, 2014, 154.

wordt de choral evensong in Nederland toegeëigend?[5] Ik heb de toe-eigening van de evensong in Nederland onderzocht aan de hand van verschillende parameters: taal, gewaden, ruimtelijke praktijken en muzikale ervaring. Het ging daarbij om de rituele toe-eigening (hoe wordt de evensong uitgevoerd?) alsook om de toe-eigening in de zin van betekenisgeving (welke betekenis heeft de evensong voor mensen?). Een samenvatting van de uitkomsten kunt u verderop in dit boek lezen.

Kort na mijn promotie werd ik benaderd door onderzoekers uit Oxford. Zij hadden mijn proefschrift gelezen en waren verrast dat 'hun' traditionele choral evensong in Nederland zoveel aantrekkingskracht heeft. Zij stelden voor om een gezamenlijk vervolgonderzoek te gaan doen naar ervaringen in de choral evensong, zowel in Engeland als in Nederland: het Choral Evensong Experiences onderzoek.

Inhoudelijke en praktische vragen

De afgelopen jaren heb ik op verschillende plaatsen in het land lezingen gegeven over de uitkomsten van het choral evensong onderzoek. Aan het einde van iedere lezing kwamen er praktische vragen van mensen die zelf choral evensongs wilden gaan organiseren of daar al mee bezig waren. De vragen waren zeer uiteenlopend. Wat zijn *collects* en waar vind je die? Waarom zing je in iedere evensong de lofzang van Maria? Waarom zing je een trinitarische lofprijzing na de psalmen en *cantica*? Welke gewaden dragen zangers en voorgangers? Draaien we tijdens de geloofsbelijdenis wel of niet met ons gezicht naar het oosten? Hoe stellen we het koor op? Zingen we de *hymns* in het Engels of het Nederlands? Houden we ons aan het leesrooster en waar vinden we dat? Waar vind je geschikte koorwerken? Omdat het niet altijd eenvoudig is deze vragen in enkele zinnen te beantwoorden, ontstond het idee voor het schrijven van dit boek. Dit boek is dus niet de Nederlandse vertaling van mijn proefschrift, maar een praktische handreiking met achtergrondinformatie over de choral evensong.

De beschrijving van de afzonderlijke onderdelen van de evensong en de ontstaansgeschiedenis van het *Book of Common Prayer*, waarin de orde van de evensong is opgenomen, is gebaseerd op de researchmasterscriptie die ik in 2011 schreef aan de Universiteit van Tilburg.[6] Waar het gaat over de toe-eigening van de choral evensong in Nederland heb ik gebruikgemaakt van de uitkomsten van het al eerder genoemde promo-

5 Hanna Rijken, *'My Soul Doth Magnify'. The Appropriation of Anglican Choral Evensong in the Netherlands*, Amsterdam, 2020.

6 De scriptiebegeleiders waren dr. Martin Hoondert en prof. Gerard Rouwhorst.

tieonderzoek dat ik tussen 2013 en 2017 aan de Protestantse Theologische Universiteit heb uitgevoerd.[7] Verder verwijs ik af en toe naar de uitkomsten van het postdoconderzoek Choral Evensong Experiences, dat ik vanaf 2019 uitvoer in samenwerking met onderzoekers van University of Oxford. De 'In de praktijk'-gedeelten zijn voor een deel gebaseerd op mijn ervaringen bij de interkerkelijke pioniersplek Choral Evensong & Pub in Utrecht en de vele choral evensongs die ik met het Vocaal Theologen Ensemble en het Codarts Kerkmuziek Ensemble in Nederland gezongen heb.

Theologische en liturgische aspecten

Schreven Willem Barnard (theoloog en dichter) en Jan Willem Schulte Nordholt (historicus en dichter) in de eerste decennia na de Tweede Wereldoorlog al vol bewondering over Engeland en de anglicaanse kathedralen, en vertaalden zij vele liederen uit het Engels, de verbreiding van de evensong in Nederland buiten de anglicaanse kerk lijkt vanaf 1980 vooral een zaak geweest van de musici: koordirigenten, organisten en zangers.

In muzikaal opzicht is het overnemen van de orde van de evensong vrij eenvoudig. De volgorde ligt voor een groot deel vast, de muziek is – zeker de laatste jaren – goed vindbaar en er zijn te kust en te keur luistervoorbeelden beschikbaar op cd en internet. Een belangwekkende ontwikkeling van de laatste decennia is de oprichting van jongens-, meisjes- en gemengde koren in Nederland naar Engels voorbeeld. Sommige daarvan hebben een zeer hoog niveau bereikt.

Omdat de evensong in Nederland zo breed wordt toegeëigend, met name buiten de context van de Church of England, rijzen er vragen die betrekking hebben op de theologische en ritueel-liturgische aspecten. Het is ingewikkeld om een eenduidig advies te geven, omdat er zoveel verschillende contexten zijn waarin evensongs worden gezongen. Vaak worden de evensongs binnen verschillende kerkelijke (vooral protestantse) denominaties georganiseerd. Er worden ook evensongs georganiseerd die niet direct gelieerd zijn aan een kerkelijke gemeente. Evensongkoren, jongenskoren of kamerkoren huren in dat geval een kerk om choral evensongs te kunnen houden. De choral evensongs tonen zich wel als kerkelijke liturgie. Soms wordt de evensong als een concert georganiseerd. Dit kan een manier zijn, zoals organisatoren uitleggen, om te zorgen dat de evensong volgens de anglicaanse rite uitgevoerd kan worden, zonder dat de orde van dienst eerst door een

7 De promotoren waren prof. Marcel Barnard en dr. Martin Hoondert.

kerkenraad besproken hoeft te worden. De evensongconcerten vinden dan meestal plaats op zaterdag (en niet op zondag). Het is belangrijk om in de gaten te houden dat de wijze waarop een evensong georganiseerd wordt nog niets zegt over de manier waarop deze uitgevoerd wordt en ook niets over de manier waarop zij beleefd wordt.

Ook wat betreft de kerkgebouwen zijn er verschillen. De evensongs kunnen plaatsvinden in het kerkgebouw van een oecumenisch-protestantse gemeente, een 'gereformeerde-bondskerk' of een gereformeerd-vrijgemaakte kerk, maar ook bijvoorbeeld in een rooms-katholieke kathedraal. Iedere denominatie heeft haar eigen manieren van vieren, en ook ieder kerkgebouw heeft zijn mogelijkheden en beperkingen. Is het een geconsacreerde ruimte met een altaar centraal? Is een antifonale kloosteropstelling mogelijk? Is het orgel geschikt voor Engelse kerkmuziek? Bevindt het orgel zich op een geschikte plaats nabij de zangers van het koor? Is er genoeg ruimte om een koor op te stellen?

Voor iedere niet-anglicaanse evensong die in Nederland gehouden wordt, geldt hoe dan ook dat er verschillen zijn met Engeland, niet alleen vanwege de algehele kerkelijke en culturele inbedding en de inrichting van het kerkgebouw, maar ook vanwege de taal (het Engels is voor de meeste Nederlanders niet de moedertaal), de gewaden, de frequentie en de rituelen.

Wat dat laatste betreft, vanuit rooms-katholiek en oudkatholiek oogpunt zijn de rituelen in de evensong in zekere zin een versobering van wat daar gebruikelijk is bij de vespers. In de evensong wordt bijvoorbeeld (meestal) geen wierook gebrand tijdens het Magnificat en er klinkt geen Maria-antifoon. Daarentegen is er een vanzelfsprekendheid wat betreft de aanwezigheid van acolieten (liturgische dienaren), een processiekruis, het altaar dat centraal staat en het dragen van liturgische gewaden. Voor veel protestantse praktijken zijn de rituelen in de evensong juist nieuw en katholiserend. Het houden van een processie, al dan niet met *cross and candles*, het dragen van koorgewaden, het buigen voor het altaar als troon van Christus en het keren naar het oosten, bijvoorbeeld, zijn in de meeste protestantse kerken geen vaste gebruiken. Het overnemen van rituelen uit de anglicaanse en katholieke traditie in een protestantse context roept praktische en inhoudelijke vragen op. Bij de beschrijving van de verschillende onderdelen van de evensong komen deze vragen aan de orde.

Transformatie en traditie

De relatief jonge Nederlandse evensongtraditie heeft een beweging op gang gebracht. Het Nederlandse 'choral-evensong-ritueel'[8] is een nieuw concept dat zich beweegt tussen anglicaanse liturgie, protestantse (of soms rooms- of oudkatholieke) liturgie en soms ook een koorconcert. In mijn proefschrift reflecteer ik hierop aan de hand van het begrip 'transformatie van religiositeit'.

De evensong in de Engelse traditie is een vorm van *daily prayer*, oftewel dagelijks gebed. Deze notie loopt als een rode draad door dit boek. Het laten doorgaan van de evensong is niet afhankelijk van het aantal bezoekers. Hierover doet een mooie anekdote de ronde. Iemand bezocht op een doordeweekse dag een choral evensong. Het koor zong prachtig, de bezoeker was diep onder de indruk. Na afloop complimenteerde hij de dirigent, waarbij hij opmerkte dat het toch wel erg jammer was dat er maar zo weinig luisteraars waren. 'Maar meneer,' was het antwoord, 'u dacht toch niet dat we voor u stonden te zingen?' De zangers en voorgangers in de choral evensong doen wat hun taak is: het gaande houden van de lofzang, het dagelijks gebed, net als in de kloosters. Overigens hebben veel koren over gebrek aan belangstelling voor de choral evensong niet te klagen. Voor de kapel van King's College in Cambridge, bijvoorbeeld, staat vaak een lange rij bezoekers voor aanvang van de evensong.

We raken hier aan een al eerder aangehaald belangrijk verschil met Nederland: een dagelijkse evensongpraktijk komt in ons land niet voor. De evensong wordt hier bijvoorbeeld maandelijks, in een enkele praktijk wekelijks, maar vaker slechts enkele malen per jaar gezongen. Dit is, ook in financieel opzicht, vaak het hoogst haalbare. Het besef dat de evensong een dagelijkse gebedsdienst is, speelt daardoor in mindere mate een rol. De evensong krijgt soms meer iets van een 'event'. De wezenlijke verschillen met de eeuwenoude Engelse evensongpraktijk vragen om een doordenking.

Opzet

Dit boek is bedoeld als een handreiking met achtergrondinformatie over de choral evensong voor predikanten, geestelijk verzorgers, kerkelijk werkers, dirigenten, organisten, zangers, organisatoren en alle liefhebbers van Engelse kerkmuziek. Ik richt me hierbij vooral op lezers met een protestantse achtergrond, omdat het grootste deel (ongeveer negen-

8 Deze term hanteer ik in mijn proefschrift.

tig procent) van de evensongs in Nederland plaatsvindt binnen een protestantse context. Het streven was om een beknopt boek te schrijven. Voor wie zich verder in een bepaald onderwerp wil verdiepen, is er een literatuurverwijzing opgenomen. Wie geïnteresseerd is in de uitkomsten van het promotieonderzoek, verwijs ik graag naar mijn Engelstalige dissertatie.

In deel I geef ik een impressie van een evensong in St Paul's. Ook ga ik dieper in op begrippen als *worship* en dagelijks gebed. Deel II gaat over de ontstaansgeschiedenis van de choral evensong en die van het *Book of Common Prayer*. In deel III ga ik in op de verschillende onderdelen van de evensong. Wat is de herkomst van bijvoorbeeld het Nunc dimittis en hoe is deze lofzang in de evensong terechtgekomen? Deel IV, ten slotte, is ingeruimd voor verschillende praktische aspecten die betrekking hebben op de choral evensong.

Op het moment van schrijven krabbelt de wereld voorzichtig op uit de coronacrisis. Koorzang was niet toegestaan, samenzang werd sterk afgeraden, koren zijn omgevallen. Ook reizen was zeer beperkt mogelijk, Engeland was gesloten. Maar gelukkig zijn de eerste repetities weer voorzichtig opgestart.

Dat dit boek bijdraagt aan de ontwikkeling van choral evensongpraktijken in Nederland is mijn wens.

'O worship the Lord, in the beauty of holiness'

(PSALM 96)

2 | EEN CHORAL EVENSONG IN ST PAUL'S CATHEDRAL LONDEN: EEN IMPRESSIE

'Lost in wonder, love, and praise!'

CHARLES WESLEY (1707-1788)[9]

In dit hoofdstuk geef ik een impressie van een choral evensong die ik meemaakte op een zondagmiddag in juni in St Paul's Cathedral in Londen, in het jaar voor de coronacrisis begon.

Al in de verte hoor ik de klokken luiden. Een vast gebruik op zondagmiddag is het feestelijke *change ringing*. Ik beklim de trappen van de majestueuze kathedraal en mij wordt gevraagd om mijn tas te openen. Een bewaker schijnt er met een zaklamp in. Het is al jaren een gebruikelijke procedure bij alle openbare en drukbezochte gebouwen in Londen, maar het herinnert me steeds aan dreiging. Eenmaal binnen word ik opnieuw overweldigd door de grootsheid en schoonheid van de kathedraal. Ik sta stil om de ruimte op me te laten inwerken. Achter in de kerk steken mensen een kaarsje op. In het middenpad staan de *stewards*. Zij zijn herkenbaar aan hun kleding en een medaille. Of ik 'for evensong' kom? Ik knik en krijg een plekje toegewezen. Eerder dat jaar was ik er met studenten en collega's van de kerkmuziekafdeling van het Rotterdams Conservatorium (Codarts). Toen hadden we een plaats in de houten koorbanken, achter de zangers. Nu krijg ik een plekje in een van de rijen onder de immense koepel.

Ik bekijk het liturgieboekje. De boekjes die voor de zondagen worden gemaakt, zijn uitgebreider dan de standaard orden voor de doordeweekse vieringen. Niet alleen de teksten van de vaste onderdelen als Magnificat en Nunc dimittis staan erin vermeld, maar ook de lezingen, hymns en de titel en componist van de *anthem*.

Op de voorkant van het boekje staat:

St Paul's Cathedral
Evensong and Address
The Seventh Sunday of Easter
Sunday 2nd June 2019
3.15 pm

9 Uit de hymn: 'Love Divine, all loves excelling', *New English Hymnal* 408.

Interieur St Paul's Cathedral, Londen. (Foto: Hanna Rijken)

Mooi vind ik het, dat we er eerst bij worden bepaald waar we ons bevinden op de kerkelijke kalender en dat daarna pas de reguliere aanduiding van datum en tijd volgt. Het is de zondag tussen Hemelvaart en Pinksteren. De zondagse evensongs worden vroeger op de middag gehouden dan de doordeweekse. Een ander verschil is dat er op zondag een preek (*Address*) aan de evensong wordt toegevoegd. Aan de binnenkant van het boekje staat een welkom.

> *Welkom in St Paul's Cathedral*[10]
> Wij zijn een christelijke kerk binnen de anglicaanse traditie (*Church of England*) en we verwelkomen mensen uit alle christelijke tradities, mensen uit andere geloofstradities en mensen met weinig of geen geloof. Meer dan 1400 jaar wordt er op deze plaats christelijke liturgie gevierd ['*offered*' staat er letterlijk]. Door met ons te vieren, word je deel van een levende traditie. Onze kathedrale gemeenschap bestaat uit onze vaste *worshippers*, ondersteund door de bijna 150 leden van de staf en een groot aantal vrijwilligers. Wij hechten aan diversiteit,

10 Eigen vertaling.

gelijke kansen en persoonlijke en spirituele ontwikkeling van allen die hier werken en vieren, want wij zijn volgelingen van Jezus Christus.

Wij zijn een *Fairtrade Cathedral* (...) en deze orde van dienst is gedrukt op duurzaam geproduceerd papier. Dank dat u vandaag bij ons bent. Als u hulp nodig heeft, kunt u zich wenden tot een staflid. Wees overtuigd van onze aanhoudende gebeden voor u als u weer naar huis of uw eigen kerk gaat.

Deze zinnen ontroeren me. Te midden van de drukte van een wereldstad betreed je een plaats van *worship*. Een plaats waar dagelijks wordt gebeden, waar de lofzang doorgaat. Deze kathedraal trekt per viering vele honderden, soms zelfs duizenden mensen uit alle windstreken. Maar de kern is het dagelijks gebed, hetzelfde als in kapellen en kerken waar geen grote toeloop van toeristen is. Het gebed gaat door, dag in dag uit. Zoals de monniken en monialen in kloosters dagelijks door blijven bidden.

In het boekje staan ook de andere vieringen in de kathedraal vermeld. Iedere weekdag is er om 7.30 uur een morning prayer, op zondag zijn er matins om 10.15 uur. Tweemaal per dag is er een eucharistieviering, om 8.00 uur en om 12.30 uur. Op zondag zijn er zelfs drie: om 8.00 uur, 11.30 uur en 18.00 uur. Verder is er elke dag evensong.

Het boekje vermeldt contactgegevens: een telefoonnummer, e-mailadres en website. Ook wordt genoemd dat de kathedraal een partner is van het Islington Centre for Refugees and Migrants. Tot slot staat aan de binnenkant van het boekje deze opmerking:

Houd bij de voorbereiding op het vieren (worship) alstublieft rekening met degenen om u heen die in stilte willen bidden. Schakel uw mobiele telefoon uit en maak geen foto's, video- of geluidsopnamen.

De aanwezigen wordt gevraagd mee te spreken of te zingen bij de teksten die vetgedrukt zijn. In cursief staan de 'regieaanwijzingen' vermeld. Zo kun je volop participeren, ook als je hier voor de eerste keer een viering meemaakt. De eerste aanwijzing die het boekje vermeldt, is '*Stand as the Choir and Ministers enter*'. Het gordijn in de zuidelijke zijbeuk naast de preekstoel gaat open en de *verger* (ceremoniarius, herkenbaar aan de staf (*virge*) die hij of zij vasthoudt), koorzangers, dirigent en voorgangers komen binnen. Drie koorjongens lopen voorop, waarvan de middelste het processiekruis draagt. Daarna volgen de andere zangers, gehuld in zwarte togen met superplie en de bekende opstaande kragen (*collarettes*). Sommige zangers dragen een medaille. De jongens lopen voorop, achter hen aan komen de alten, tenoren en bassen, gevolgd door de dirigent en de voorgangers. De processie beweegt zich onder de koepel door, naar het hoogkoor. Daar aangekomen blijven de koorzangers en geestelijken met hun gezicht in de richting van het oosten staan en maken een buiging naar het altaar als begroeting van Christus. Katholieken en anglicanen die aanwezig zijn, hebben deze buiging al bij binnenkomst gemaakt: een hoofd- of kniebuiging voordat ze zijn gaan zitten. Dat plechtige moment doet wat met me. Het koor neemt plaats in de banken.

Op weekdagen vindt de processie plaats onder orgelspel, maar op zondag is er een *Processional Hymn*. Vandaag is dat 'God is our strength from days of old, the hope of every nation', op de melodie van Luthers 'Ein feste Burg'. In de machtige akoestiek met het grootse orgel en zoveel aanwezigen is het zingen een geweldige ervaring. Om mij heen wordt goed meegezongen. Het zinnetje 'the hope of every nation' raakt me, omdat er zoveel nationaliteiten aanwezig zijn. Het lied wordt in een energiek tempo gezongen. In het liturgieboekje staan de bronnen nauwkeurig vermeld: de dichter en componist inclusief jaartallen, de *tune* en de naam van de liedbundel – deze keer niet het veelgebruikte *New English Hymnal*.

Na het welkom doet de *canon* (kanunnik, priester die deel uitmaakt van het kapittel) de oproep om de *Prayers of Penitence* (gebeden van boetedoening, schuldbelijdenis) te bidden. Allen vervolgen, zittend of knielend: 'Almighty and most merciful Father; We have erred, and strayed from thy ways like lost sheep...' Deze schuldbelijdenis wordt gevolgd door de absolutie, waarop allen 'amen' zeggen. Aansluitend wordt door allen het Onze Vader gebeden.

Vervolgens zingen koor en *precentor* (cantor die een geordineerde geestelijke is; in Nederland kennen we deze functie niet) de *responses*. Elders noemt men dit onderdeel ook wel de *preces*. De toonzetting is van Thomas Tomkins (1572-1656). 'And our mouth shall shew forth Thy praise.' De heldere jongensstemmen klinken stralend in de ruimte. De alten, hoge mannenstemmen, zorgen voor een boventoonrijke klank, weergaloos mooi.

Na de lofprijzing gaan allen zitten en het koor zingt de psalm op een *chant* van William Crotch (1775-1847). De psalm van deze zondag is Psalm 68,1-6: 'Let God arise and let his enemies be scattered.' Eén zinnetje springt er voor mij uit: 'O sing unto God, and sing praises unto his Name, magnify him that rideth upon the heavens, as it were upon a horse.' Het overkomt me vaak in de evensong dat ineens een zinnetje je tegemoet komt, alsof je het voor de eerste keer hoort. Tijdens de psalm schrijdt de verger naar de koorbank waar de lector zit, begroet haar met een hoofdknikje en begeleidt haar naar de *ambo* (lezenaar). Voor de doxologie 'Glory be to the Father...' gaan allen staan. Direct aansluitend aan de psalm introduceert de lector de lezing met de woorden: 'Here begins the forty-fourth chapter of the Prophecy of Isaiah.' Ook in deze lezing is er weer één zinnetje dat mij treft, zo vlak voor Pinksteren: 'For I will pour water on the thirsty land, and streams on the dry ground. I will pour my spirit upon your descendants, and my blessing on your offspring.' Ik denk na over de Geest in het Oude Testament. De lezing doet me ook denken aan psalm 65. Na de lezing volgt een korte stilte, waarna de lector zegt: 'Here ends the First Lesson.'

Allen staan op en het koor zingt het Magnificat uit de 'Evening Service in E' van Sydney Watson (1903-1991). Ik kende dit Magnificat nog niet. Prachtig zijn de contrasten tussen de jongensstemmen en de mannen. Terwijl de zangers vol overgave zingen, zie ik de verger opnieuw naar de koorbanken schrijden om de lector naar de ambo te geleiden. Ik kijk om me heen en zie dat de enorme kathedraal inmiddels helemaal volgestroomd is. Meer dan duizend mensen staan terwijl het koor de eeuwenoude lofzang van Maria zingt, gevolgd door de lofprijzing.

De tweede lezing is uit de brief aan de Efeziërs 4,7-16. '"Hij steeg op" – wat betekent dat anders dan dat hij ook is afgedaald naar wat lager ligt, naar de aarde? Hij die is afgedaald is dezelfde als hij die opsteeg, tot boven de hemelsferen, om alles met zijn aanwezigheid te vullen.' Pasen en Hemelvaart komen in de lezing samen.

Daarna gaan allen staan en zingt het koor het Nunc dimittis, de lofzang van Simeon, vanzelfsprekend ook uit de Evening Service in E van Watson en wederom gevolgd door de doxologie. Als de laatste toon is uitgeklonken, keren allen met hun gezicht naar het oosten om de apostolische geloofsbelijdenis te spreken. Een deel van de aanwezigen staat al met het gezicht naar het oosten.

Na de groet, die het begin vormt van de *Lesser Litany of Responses*, gaan allen zitten. Sommigen knielen. Er hangt een knielkussentje aan de rugleuning van de stoel die voor me staat. Er schiet op dat moment door me heen dat zoiets een praktische oplossing zou zijn voor protestantse gemeenten in Nederland die in hun kerkgebouw geen knielbanken hebben en wel graag de mogelijkheid willen bieden om knielend te bidden.

De *Collect of the Day* brengt het 'verweesde' gevoel tussen Hemelvaart en Pinksteren mooi onder woorden:

O God, the king of glory,
who hast exalted thine only Son Jesus Christ
with great triumph unto thy kingdom in heaven:
we beseech thee,
leave us not comfortless
but send to us thine Holy Spirit to comfort us
and exalt us unto the same place
whither our Saviour Christ us gone before;
who liveth and reigneth with thee
and the Holy Spirit,
one God, now and forever.
AMEN.

Daarna volgen de dagelijks terugkerende gebeden: *The Collect for Peace* en *The Collect for Aid against all Perils*. 'Lighten our darkness, we beseech thee, o Lord...'

De *anthem* is een bijzonder fraaie en spannende compositie van Patrick Gowers (1936-2014), *Viri Galilaei*. Deze tekst is in de katholieke traditie de introïtus voor Hemelvaartsdag en is veelvuldig door componisten getoonzet. De organist zet heel zacht en hoog in, ik houd mijn adem in. De tekst uit Handelingen klinkt, en het koor zingt erdoor heen: 'Alleluia. God is gone up with a merry noise. And the Lord with sound of the trumpet.' Bij de tekst 'See the conquerer mounts in triumph' klinkt het orgel voluit. De klanken vullen de immense koepel en het geluid lijkt van alle kanten te komen. Aan het eind zijn er weer de zachte, hoge en sprankelende orgelklanken.

In gedachten sta ik zelf tussen de leerlingen naar de hemel te staren. Ik voel een diepe emotie en tegelijkertijd voel ik me enorm opgeladen. Ik dagdroom over Nederland. Zou het niet mogelijk zijn om iedere dag ergens in Nederland een oecumenische evensong te vieren op deze wijze, vanuit het hart van de kerk, op dit hoge muzikale niveau?

Ondertussen is de voorganger begonnen met de gesproken gebeden. Allen spreken 'amen' en gaan staan om de *hymn* 'Send o God your Holy Spirit' te zingen. Dit lied komt uit *Ancient & Modern* (later in dit boek vertel ik meer over de gangbare liedbundels). De *Reverend Canon* beklimt de preekstoel en houdt een korte preek, *the Address*. Aansluitend gaan allen staan voor het slotlied, 'Christ be the Lord of all our days'. Ondertussen wordt er een collecte gehouden. Het is ook mogelijk om digitaal te doneren. Dan spreekt de voorganger de wegzending en zegen uit en maakt daarbij het kruisteken. De meeste aanwezigen slaan een kruis. De *Organ Voluntary* is 'Transports de joie' uit *L'Ascension* van Olivier

Messiaen (1907-1992). Onder de klanken van dit virtuoze werk schrijden koor en voorgangers, na een buiging, via dezelfde route weer terug. Het gordijn voor de kooromgang gaat weer dicht. Ik ga weer zitten en voel me opgetild, met mijn hoofd nog een beetje in de wolken en tegelijkertijd diep geworteld. Er schiet een zinnetje door mijn hoofd: 'Worship connects with God who, through Jesus, transforms us and the world.'[11] Eenmaal buiten ben ik een beetje verdwaasd. De wereld rondom St Paul's is hetzelfde gebleven. Maar binnen is er iets wezenlijks gebeurd.

11 Uit de brochure: Paul Bradshaw & Peter Moger, *Worship changes lives. How it works, why it matters*, Londen, 2008.

3 | WORSHIP

'Worship is to enable us to reach up to grasp the heel of heaven, to glimpse, albeit imperfectly and fleetingly, the life of heaven, to plug in, for a moment, to the worship of the angels and the praises of the saints...'

MICHAEL PERHAM[12]

'O worship the Lord in the beauty of holiness!' zo begint een bekende *hymn* van George Herbert.[13] De eerste regel is ontleend aan Psalm 96. Wat betekent *worship?* Norman Warren (1934-2019), *archdeacon* van de kathedraal van Rochester, legt uit dat worship van het Oudengelse woord *worth-ship* komt: 'giving worth or value to something or someone', iets of iemand waarde geven.[14] Hij legt verder uit: 'Christelijke *worship* geeft God de waarde en eer die hem toekomt.'[15]

In zijn boek *Liturgical worship* onderscheidt liturgiewetenschapper Mark Earey drie verschillende betekenislagen van worship.[16] Als eerste noemt hij Worship met een hoofdletter, in de brede zin van het woord. Hij bedoelt daarmee dat iemand zijn of haar leven in dienst van God stelt en verwijst naar Paulus: 'Broeders en zusters, met een beroep op Gods barmhartigheid vraag ik u om uzelf als een levend, heilig en God welgevallig offer in zijn dienst te stellen, want dat is de ware eredienst voor u' (Rom. 12,1). Zangers die de anthem 'Greater love hath no man' van John Ireland wel eens hebben gezongen, zullen dit tekstgedeelte waarschijnlijk herkennen: 'I beseech you brethren, by the mercies of God, that you present your bodies, a living sacrifice, holy, acceptable to God, which is your reasonable service.' De tweede betekenis van worship (met een kleine letter) is het samenkomen in de liturgie. Het vieren maakt volgens Earey deel uit van Worship met een hoofdletter, maar heeft een specifiek karakter. We zouden het *liturgical worship* kunnen noemen. De derde laag is volgens Earey de persoonlijke uiting van worship, zoals thuis bidden, bijbellezen en zingen.

In het boek *Worship in the Network Culture* leggen liturgiewetenschap-

12 Michael Perham, *New Handbook of Pastoral Liturgy*, Londen, 2000, 4. Geciteerd in: Aidan Platten (red.), *Grasping the heel of heaven. Liturgy, leadership and ministry in today's church*, Canterbury, 2018.
13 *New English Hymnal* 52.
14 Norman Warren, 'Singing in God's Choir', in: *The Choristers's Companion*, RCSM, Sittingbourne, 1989 (second edition), 4.
15 Warren, 'Singing in God's Choir', 4. Eigen vertaling.
16 Mark Earey, *Liturgical Worship. A basic introduction* – revised and expanded edition, Londen, 2018, 5.

pers Marcel Barnard, Johan Cilliers en Cas Wepener uit dat de studie van worship in de netwerkcultuur zich steeds beweegt tussen theologie en antropologie.[17] Worship wordt gecontextualiseerd door de betrokken mensen en wordt beïnvloed door de cultuur waarin de worship wordt gevierd.[18] De auteurs verstaan worship als *liturgical ritual.*

Liturgiewetenschapper en musicus Don E. Saliers benadert worship in zijn boek *Worship as Theology* zowel theologisch ('God-centered') als antropologisch ('embodied and embedded in specific human and cultural contexts').[19] Hij pleit ervoor om worship als een eschatologische handeling te zien, vandaar ook de ondertitel van zijn boek: *Foretaste of glory divine.*

> *'Evensong is voor mij: een vluchtheuvel in het drukke bestaan. Een venster op een andere wereld, waar schoonheid het wint van boosheid. Een troostende aanwezigheid van iets wat boven mijzelf uitstijgt.'*
>
> BEZOEKER EVENSONG

17 M. Barnard, J. Cilliers en C. Wepener, *Worship in the Network Culture. Liturgical Ritual Studies, Fields and Methods, Concepts and Metaphors* (= Liturgia Condenda 28), Leuven/Paris/Walpole, MA, 2014, 39.

18 Barnard, Cilliers en Wepener, *Worship in the Network Culture*, 39.

19 Don E. Saliers, *Worship as Theology. Foretaste of glory divine*, Nashville, 1994.

4 | EVENSONG ALS GEBED

'New mercies, each returning day
hover around us while we pray.'

JOHN KEBLE (1792-1866)[20]

Zoals de officiële naam *evening prayer* aangeeft, is de evensong een gebedsdienst. Het is de anglicaanse vorm van het dagelijks doorgaande gebed van de kerk wereldwijd. In een wereld die snel verandert, in een tijd waarin we op zoek zijn naar steeds weer nieuwe prikkels, waarin steeds weer iets nieuws bedacht wordt om mensen te boeien, gaat dit gebed onverstoorbaar door, met een regelmaat als de opeenvolging van de seizoenen. Dag in dag uit, week in week uit, maand in maand uit, jaar in jaar uit, een leven lang. Een kenmerk van het dagelijkse gebed is dat de teksten grotendeels vaststaan en iedere dag herhaald worden.

Vorig jaar bezocht ik met een aantal van mijn studenten kerkmuziek een klooster. Een van de studenten stelde toen de vraag: Gaat dat nu nooit vervelen, iedere dag dezelfde cantica, iedere week dezelfde psalmen? De monnik antwoordde dat als je de psalmen dag in dag uit bidt, het vaak gebeurt dat één bepaald vers je ineens raakt als een zonnestraal.

Zelf herken ik wat veel mensen zeggen: te midden van alle dagelijkse beslommeringen staat je hoofd er niet altijd naar om een evensong te bezoeken. Er ligt werk te wachten, er zijn e-mails die beantwoord moeten worden, deadlines die gemist dreigen te worden, een huishouden waar altijd wel iets te doen is en nog duizend-en-een andere redenen om niet te gaan. Toch word je, telkens opnieuw, tot verstilling gebracht door de stilte die er heerst voordat de viering begint, en meegenomen in het ritme waarmee de gezongen en gesproken teksten elkaar afwisselen en in de kracht van de teksten en muziek. Bij het Nunc dimittis, als het koor de woorden van Simeon 'Heer, laat Uw dienaar in vrede heengaan' zingt, ervaar ik die vrede zelf vaak ook werkelijk. Net als bij de monnik in het klooster is er soms één zinnetje dat mij ineens als nieuw in de oren klinkt. Soms blijft zo'n vers je zelfs nog heel lang bij. Tijdens een evensong in de kapel van St John's College in Cambridge zong het koor Psalm 22. Na de verzen 17-19 ('They pierced my hands and my feet (...) They part my garments among them and cast lots upon my vesture') liet de dirigent een stilte vallen die net een fractie langer dan anders duurde.

20 Uit de hymn: 'New every morning is the love', *New English Hymnal* 238.

Daily Worship. Overzicht van de dagelijkse vieringen in Westminster Abbey, Londen. (Foto: Hanna Rijken)

Het geheim van het bidden van vaste teksten op vaste uren is dat het niet afhangt van hoe wij ons voelen, of wij er wel of niet voor in de stemming zijn. Abraham Joshua Heschel, een Amerikaanse rabbijn van Poolse komaf, die in 1937 Martin Buber opvolgde aan het Jüdische Lehrhaus in Frankfurt am Main, schrijft hierover:

> Wij hoeven als we beginnen te bidden daarvoor niet in de juiste stemming te zijn. Deze vorm van gebed ontstaat, doordat wij de woorden van het gebed lezen en voelen, doordat wij met ons bewustzijn en onze verbeeldingskracht doordringen in de betekenis van de woorden, door empathie met de ideeën waarvan de woorden zwanger zijn. Hier komt het woord eerst, het gevoel volgt.[21]

Het bidden van voorgeschreven teksten, formuliergebeden, wordt wel eens ter discussie gesteld. Bidden doe je toch met je hart? Staat het nazeggen van wat anderen hebben opgeschreven een doorleefd, spontaan

21 A.J. Heschel, *Man's Quest for God*, 28, geciteerd in: D.J. van der Sluis, P.J. Tomson, D.J. van Uden en W.A.C. Whitlau (red.), *Elke morgen nieuw. Inleiding tot de Joodse gedachtenwereld aan de hand van een van de centrale Joodse gebeden, het Achttiengebed*, B. Folkertsma Stichting voor Talmudica, 1978, 3.

geloof niet in de weg? In het boek *Elke morgen nieuw*[22] wordt het opzeggen van formuliergebeden vergeleken met een pianist die werken van grote componisten speelt. Daar zal hij uiteindelijk veel meer voldoening uit halen dan alleen uit het improviseren. 'Wie geen groot musicus is, loopt al improviserend gauw dood tegen de grenzen van de eigen creativiteit; hij begint zichzelf te herhalen en hoort de eigen thema's allengs vervlakken, zeker wanneer hij zich niet steeds vernieuwt aan de bron van de meesters. En zou dit niet gelden voor het gebed?'[23]

Voor mij persoonlijk was de kennismaking met het dagelijks gebed een openbaring. Het was alsof de luiken werden opengezet. Ik ervoer verbondenheid met de joodse traditie en met, zoals dat zo mooi heet, de kerk van alle tijden en plaatsen.

'De jongenskoren in Engeland zijn niet ontstaan voor de concertpraktijk, maar voor het dagelijks zingen in de kerk. Ik hoop dat de zangers van ons koor tijdens de koorreis in Engeland ervaren dat de muziek daarvoor geschreven is, voor die setting van choral evensong, alles op zijn plek in de dienst. Iedere dag weer. Als ze dan alle rituelen meemaken, het gebed vooraf voordat ze de kerk binnenlopen... Het is zó ontzettend wezenlijk om dat te voelen. Je kunt het wel laten zien op een video, je kunt het vertellen en je kunt er dia's van laten zien, maar het werkt pas als je het zelf aan den lijve ondervindt. Dat moet je meemaken.'

DIRIGENT EVENSONG

'Ik hoop dat ze ervaren dat je een schakeltje bent in een lange ketting. Al zit er niemand (vaak zit er ook bijna niemand), je bent een schakeltje in een ketting van eeuwen lof die vertolkt moet worden.'

DIRIGENT EVENSONG

22 Van der Sluis, Tomson, Van Uden en Whitlau (red.), *Elke morgen nieuw*.
23 Van der Sluis, Tomson, Van Uden en Whitlau (red.), *Elke morgen nieuw*, 3.

5 | HISTORISCHE ACHTERGROND VAN HET GETIJDENGEBED

'Seven whole days, not one in seven, I will praise thee...'
- GEORGE HERBERT (1593-1632)[24]

'Als je in Engeland een choral evensong zingt, stap je een traditie binnen. Je ervaart dat je een klein schakeltje bent in een eeuwenoude traditie en er zelf ook deel van gaat uitmaken,' vertelde een zanger tijdens een interview. 'De traditie echoot als het ware door de gewelven van de kathedraal.'

De choral evensong is, zoals ik al aangaf, een vorm van getijdengebed. De orde hiervan is ontworpen in de zestiende eeuw tijdens de Engelse Reformatie, maar heeft veel oudere wortels. De liturgie is gebaseerd op het monastieke getijdengebed. Typerend voor het getijdengebed is, zoals de naam al zegt, dat het gebonden is aan bepaalde tijden of uren. Er is vaak gezegd dat het dagelijks gebed van de Vroege Kerk via de synagogale eredienst ontleend is aan de dagelijkse offerdienst in de tempel. Bij het trekken van een dergelijke lijn is voorzichtigheid echter geboden. Wel is met zekerheid te zeggen dat joden op vaste tijden baden en psalmen zongen (zoals orthodoxe joden nog altijd doen) en dat de vroege christenen dit ook deden.[25]

Bijbelse aanwijzingen

Zowel in het Oude als het Nieuwe Testament vinden we aanwijzingen voor een dagelijks gebed. In Exodus 29 is het voorschrift te lezen dat er iedere dag, in de morgen en de avond, een brandoffer in de tempel gebracht moet worden. En in Exodus 30 wordt Aäron opgedragen om 's ochtends en 's avonds een reukoffer te brengen. In Numeri staan soortgelijke voorschriften. In 1 Kronieken 9 wordt er melding van gemaakt dat de Levieten bij toerbeurt ook 's nachts waakten in de tempel van God.

Aanwijzingen voor een persoonlijk dagelijks gebed vinden we

24 Uit de hymn *King of glory*. *New English Hymnal* 391.
25 Paul Bradshaw, *Early Christian Worship. A basic introduction to ideas and practice*, Londen, 1996, 2010, 77.

bijvoorbeeld in de Psalmen. Zo staat er in Psalm 119,164: 'Ik zing U dagelijks zevenmaal lof.' Het 62e vers van deze psalm luidt: 'Midden in de nacht sta ik op en loof U om uw rechtvaardige voorschriften.' In Psalm 34,2 staat: 'De Heer wil ik prijzen elk uur van de dag.' En in Psalm 55,18: 'In de avond, in de morgen, in de middag klaag ik en zucht ik, en Hij hoort mijn stem.' Ook in Daniel 6,11 is sprake van een driemaal per dag gehouden gebed. In Psalm 141 bidt de psalmist dat zijn avondgebed als een reukoffer mag zijn: 'Laat mijn gebed voor u zijn als reukwerk, mijn geheven handen als een avondoffer.'

In Marcus 1 lezen we over een ochtendgebed, en elders in de evangeliën over een gebed in de avond. Jezus sterft op het negende uur, tijdens het avondoffer. Hij bidt de woorden uit Psalm 31 die op dat moment ook in de liturgie klinken: 'In uw handen beveel ik mijn geest.' Petrus bidt op het zesde uur (Handelingen 10) en omstreeks het negende uur gaan Petrus en Johannes naar de tempel (Handelingen 3). Ook wordt soms melding gemaakt van een nachtelijk gebed (Hand. 12,5 en 16,25). Het is niet duidelijk of deze gebedsuren individueel of gemeenschappelijk zijn gehouden.

De *Didachè*

De eerste duidelijke aanwijzing voor een christelijk dagelijks gebed vinden we in de *Didachè*, een vroegchristelijk geschrift (onderricht) uit de tweede eeuw. Daarin staat de opdracht om dagelijks driemaal het Onze Vader te bidden. Er staat niet precies op welke uren gebeden moet worden, waarschijnlijk werd dat bekend verondersteld. Het lijkt aannemelijk dat het om de ochtend, middag en avond ging. Het kan ook zijn dat men aansloot bij de uren van de Romeinen, het derde, zesde en negende uur (9 uur, 12 uur en 15 uur).

Een belangrijke reden om het getijdengebed te houden, is dat de christenen spoedig de wederkomst verwachten. In onder meer de brieven van de apostel Paulus klinkt herhaaldelijk een oproep tot waakzaamheid. 'Zoals dienaren wakend uitzien naar de terugkomst van hun meester, zo waakten zij in verwachting van de terugkeer van hun Heer,' schrijft liturgiewetenschapper Paul Bradshaw, naar Marcus 13 en Lucas 12.[26] Als de wederkomst echter op zich laat wachten, verandert rond het begin van de derde eeuw de reden voor het dagelijks gebed. In geschriften uit die tijd wordt vooral Paulus' oproep 'bid onophoudelijk'

26 Bradshaw, *Early Christian Worship*, 78.

(1 Tess. 5) benadrukt. Het dagelijks gebed wordt als een offer gezien, een gedachte die aansluit bij Psalm 141.

Vroege kerk

Ook kerkvaders schrijven over het dagelijks gebed. Zo brengt Tertullianus (ca. 160-ca. 230) in zijn geschrift *De Oratione* het driemaal daags bidden in verband met de heilige Drie-eenheid. In de *Traditio Apostolico* (ca. 200) spoort Hippolytus de gelovigen aan om direct na het opstaan tot God te bidden. In de derde eeuw wordt melding gemaakt van een gemeenschappelijke bidstond in de morgen.

In 313, door het Edict van Milaan, komt er godsdienstvrijheid en daarna wordt het christendom door Constantijn tot staatsgodsdienst verheven. Vanaf dat moment gaat het snel met de verbreiding ervan. Wat betreft het getijdengebed zien we in de vierde eeuw twee veranderingen: er ontstaan kloostergemeenschappen waarin iedere dag op vaste tijden gebeden wordt en het dagelijks gebed wordt van de kerkelijke gemeenschap. Naast het 'monastiek officie' (kloosterlijk getijdengebed) ontstaat een vorm die later ook wel als 'kathedraal officie' bestempeld zou worden, bestaande uit een dagelijks ochtend- en avondgebed.[27] Kerkvader Ambrosius roept de gelovigen op om zo mogelijk tweemaal per dag naar de kerk te komen, 's ochtends en 's avonds.

Benedictus van Nursia

Met een beroep op Psalm 119 schrijft Benedictus van Nursia (ca. 480-547) in zijn Regel voor de kloosterpraktijk zeven gebedsdiensten per dag voor, en daarnaast een nachtelijk officie. De namen van de getijdenvieringen zijn metten, lauden, priem, terts, sext, noon, vespers en completen. De 150 psalmen worden in één week gezongen, verdeeld over de verschillende gebedsuren. Hierover schrijft hij: '... als wij immers lezen dat onze heilige Vaders met ijver ditzelfde op één dag verrichtten, wat wij, lauwe monniken, toch wel in een hele week mogen doen.'[28] En over de houding bij het psalmzingen zegt hij dat je steeds weer moet beseffen dat je zingt voor het aanschijn van God en zijn engelen.[29] In de vespers klinken geen uitgebreide lezingen, maar korte schriftfragmenten of kapittels, en wordt iedere dag het Magnificat gezongen, de lofzang van Maria.

De orde volgens de Regel van Benedictus wordt wel het 'benedictijns

---

27 Bradshaw, *Early Christian Worship*, 82.
28 *Sint Benedictus' Regel voor monniken* (Latijn-Nederlands), vertaald en ingeleid door F. Vromen OSB, Sint Willibrordsabdij-Slangenburg, 1997, 69.
29 *Sint Benedictus' Regel voor monniken*, 69.

officie' genoemd en is tot op de dag van vandaag in gebruik in kloosters wereldwijd, al zijn er ook orden die een officie van bijvoorbeeld drie gebedsuren per dag hanteren.

Sarum Use

In Engeland wordt het monastieke getijdengebed geïntroduceerd door Augustinus van Canterbury (ca. 600). De ruïnes van zijn klooster, St Augustine's Abbey, zijn nog altijd te bezichtigen. Vanuit Canterbury verspreidt het getijdengebed (in het Latijn) zich over Engeland. Vanaf de dertiende eeuw wordt de *Sarum Use*, ook wel *Sarum Rite* genaamd, ontwikkeld. 'Sarum' is de afkorting van Sarisburium, de Latijnse benaming van Salisbury. Deze *Use* (wijze van liturgie vieren) was een variant van de Romeinse rite en was voor de Engelse Reformatie wijd verspreid in Brittannië en ook op het continent.[30]

> *'Evensong is voor mij een waardevol moment van inkeer, reflectie, en ook het naderen tot elkaar, waarin muziek de voertaal is, veel meer zeggend dan het gesproken woord, omdat de muziek, uiteraard mits goed uitgevoerd, diepere lagen aanboort.'*
>
> BEZOEKER EVENSONG

30 J.R. Wright, *The Sarum* Use. *An address given at the Miller Theatre*, New York, 2000.

DEEL II
DE ENGELSE REFORMATIE

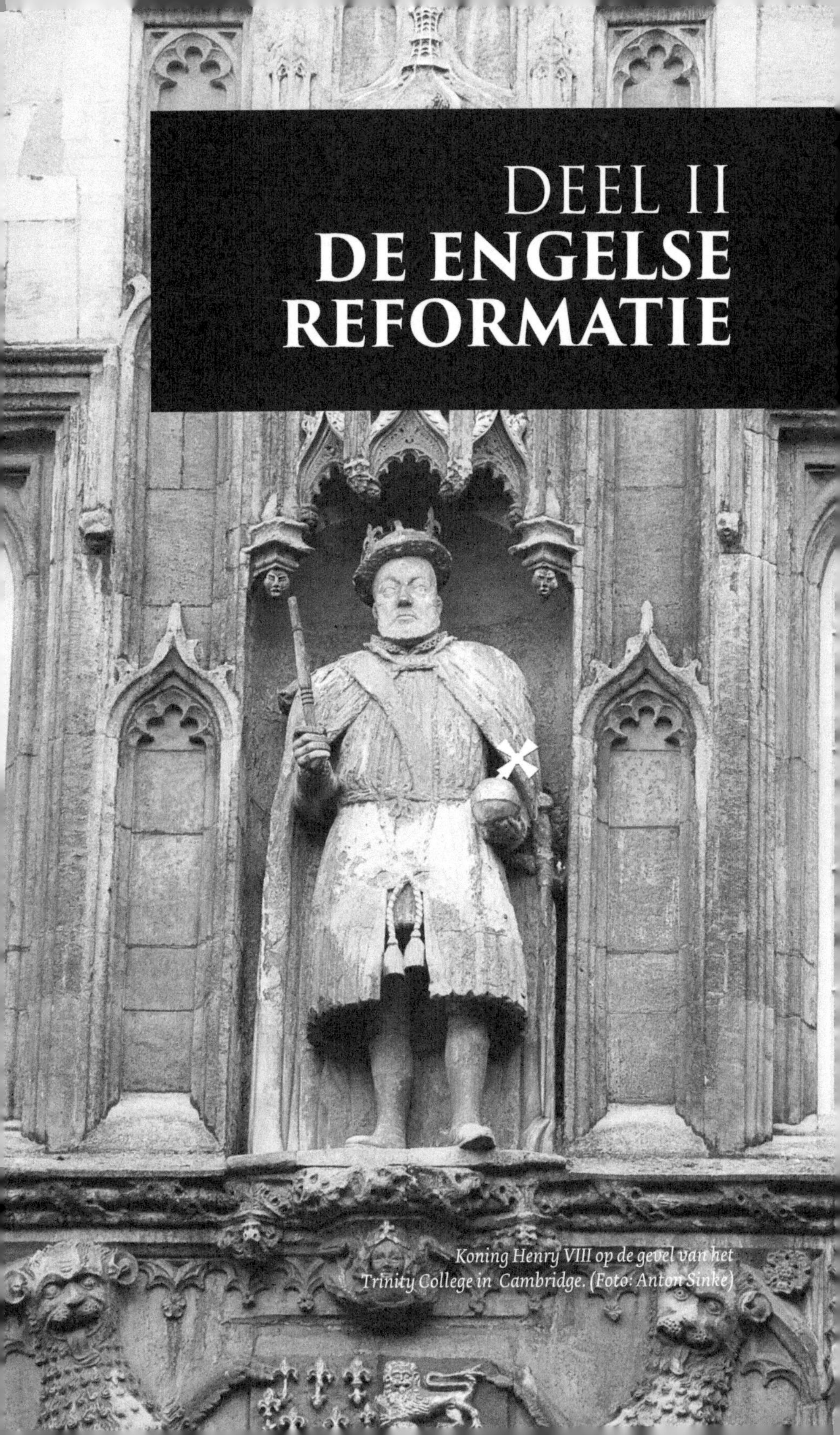

Koning Henry VIII op de gevel van het Trinity College in Cambridge. (Foto: Anton Sinke)

6| DE ENGELSE REFORMATIE – TOT 1547

'He was a scholar, and a ripe and good one;
exceeding wise, fair-spoken, and persuading:
Lofty and sour to them that loved him not;
but, to those men that sought him, sweet as summer.'

SHAKESPEARE, HENRY VIII

Het begin van de Engelse Reformatie hangt nauw samen met de politieke ontwikkelingen in de zestiende eeuw. De gebeurtenissen hieromheen zijn als een shakespeareaans drama vol intriges en een groot aantal personages, van wie er velen het leven lieten omwille van hun geloof of vanwege politieke machinaties. Niet voor niets heeft deze periode stof opgeleverd voor tal van boeken, toneelstukken (waaronder een van William Shakespeare zelf), een musical, opera's, films en televisieseries. Ik beperk me tot enkele hoofdlijnen en hoofdrolspelers. Om hen alvast voor te stellen, dat zijn koning Henry VIII (1491-1547), zijn zoon Edward VI (1537-1553), zijn dochters Mary I (1516-1558) en Elizabeth I (1533-1603), aartsbisschop Thomas Cranmer (1498-1556) en Thomas Cromwell (1485-1540), de adviseur van Henry VIII.

Henry VIII

Een hardnekkig misverstand over het ontstaan van de Engelse Reformatie is dat Henry VIII vanwege zijn gewenste echtscheiding brak met de paus en vervolgens protestants geworden zou zijn. In werkelijkheid leefde en stierf Henry als katholiek en had hij niet de intentie om met het katholicisme te breken. Hij liet zelfs protestanten op de brandstapel zetten. Hij voerde de breuk met Rome door om de Engelse kerk het recht te geven om over Engelse kerkwetgeving te beslissen. Zo kon hij ook zijn huwelijk met Catharina van Aragon nietig laten verklaren.[1] De Engelse Reformatie was dus aanvankelijk politiek van aard. Volgens de kerkhistoricus Stephen Neill leidden drie factoren tot de Engelse Reformatie: het verlangen van koning Henry VIII naar een mannelijke erfgenaam,

1 Jack McDonald en Jo Jan Vandenheerde, *De Anglicaanse Kerk. Een inleiding voor Nederlandstaligen*, Averbode, 2015, 23.

de groei van nationale en antiklerikale gevoelens en de verspreiding van de lutherse denkbeelden.[2]

Huwelijk Arthur en Catharina en overlijden van Arthur

Henry VIII kwam uit het Huis Tudor.[3] Hij kreeg een katholieke opvoeding, sprak meerdere talen en ontving lessen in wetenschap, muziek en atletiek. De broer van Henry, Arthur, werd in 1489 uitgehuwelijkt aan Catharina van Aragon (1485-1536), de dochter van Ferdinand II van Spanje. Het was een politiek huwelijk, bedoeld om de banden met Spanje aan te halen. Arthur was op dat moment drie jaar oud. Op 4 november 1501 ontmoetten Arthur en Catharina elkaar voor het eerst en tien dagen later werd het huwelijk voltrokken in St Paul's Cathedral in Londen. Arthur was toen vijftien en Catharina zestien jaar oud. Een jaar later stierf Arthur aan een infectieziekte. Catharina had de ziekte ook, maar herstelde. Zij was een intellectuele en vrome vrouw die op de hoogte was van theologische ontwikkelingen.

Spoedig na de dood van Arthur kreeg zijn vader, koning Henry VII, het idee om het jongere broertje Henry uit te huwelijken aan Catharina, de weduwe van zijn broer. Daar had hij twee redenen voor, namelijk om de banden met Spanje te behouden én de bruidsschat niet te verliezen. Vlak na de dood van zijn vader en nog net voor zijn kroning trouwde de jonge Henry VIII met Catharina. Paus Julius II gaf goedkeuring voor het huwelijk. Hij moest hiervoor het verbod uit Leviticus 20,21 aan de kant leggen. Daar staat: 'Wie trouwt met een vrouw die zijn broer heeft toebehoord, begaat een wandaad, hij onteert zijn broer. Het huwelijk zal kinderloos zijn.'[4] Henry en Catharina kregen zes kinderen, die bijna allemaal kort na de geboorte stierven, of dood werden geboren. Slechts één dochter bleef in leven, de latere Mary I van Engeland, bijgenaamd 'Bloody Mary'. Henry VIII wilde graag een mannelijke opvolger, omdat het op dat moment nog niet zeker was of een koningin kon regeren over Engeland. Het voortbestaan van het Huis Tudor stond op het spel. Omdat hij zijn echtgenote verantwoordelijk hield voor het feit dat zij geen zoon had gebaard, wilde hij opnieuw trouwen.

Daarnaast speelde er vermoedelijk nog iets. Volgens Neill begon Henry VIII zich af te vragen of de dood van bijna al zijn kinderen geen

---

2 Stephen Neill, *Anglicanism*, Oxford, 1977^4, 31-64.

3 De Tudorperiode duurde van 1485 tot 1603. Periodes in de Engelse (kunst)geschiedenis worden doorgaans aangeduid met de naam van het regerend staatshoofd, of de naam van het huis waaruit hij of zij afkomstig is.

4 Zie ook Deuteronomium 25, daar staat juist dat een man moet trouwen met de weduwe van zijn broer.

oordeel van God kon zijn. Was zijn huwelijk (volgens Leviticus) misschien een bloedschennige verbintenis geweest?[5] Hij wilde daarom geen echtscheiding maar een nietigverklaring, waarin stond aangegeven dat er vanwege een canoniek beletsel geen werkelijk huwelijk heeft plaatsgehad.[6] Neill benadrukt dat Henry VIII in zekere zin sterker stond dan vaak wordt gedacht. Eigenlijk had de paus geen toestemming voor het huwelijk mogen geven. Eerder in de geschiedenis had de paus een huwelijk om die reden achteraf inderdaad nietig verklaard, namelijk het huwelijk van Eleonore, koningin van Frankrijk, en Lodewijk VII in 1152.

Kardinaal Wolsey, aartsbisschop van York, probeerde paus Clemens VIII over te halen om de nietigverklaring goed te keuren. De paus wilde dit wel doen, hij wist alleen niet hoe. Hij was bang om de machtige keizer Karel V, de neef van Catharina, voor het hoofd te stoten. Zo sleepte de kwestie zich voort, totdat Henry VIII zich begon af te vragen of het eigenlijk wel nodig was zich tot de paus te wenden.[7] De vraag was, met andere woorden: wie heeft het recht om in Engeland de wet vast te stellen en uit te voeren? Ondertussen was Henry VIII verliefd geworden op Anna Boleyn, een van de hofdames. Thomas Cromwell, een vriend van de familie Boleyn en privésecretaris van Henry VIII, vertelde de koning dat Engeland juridisch onafhankelijk was van Rome. Cromwell zocht hiervoor steun bij Thomas Cranmer, professor in de theologie te Cambridge. Deze verklaarde het huwelijk tussen Henry VIII en Catharina ongeldig. In 1533 trouwden Henry VIII en Anna in het geheim.

In 1534 werd de *Act of Supremacy* (Akte van Suprematie) goedgekeurd. Dit wordt vaak als het officiële begin van de Engelse Reformatie bestempeld. Een belangrijke notie is dat men de *Act of Supremacy* niet als de stichting van een nieuwe kerk beschouwde. Het was een verandering van het kerkrecht.

Een ander misverstand over de anglicaanse kerk is dat de koning(in) van Engeland het hoofd hiervan is. In de *Act of Supremacy* staat dat Jezus Christus het hoofd van de kerk is. Henry VIII noemde zichzelf *Supreme Head* (opperste hoofd) op aarde van de Kerk van Engeland, de *Ecclesia Anglicana*. Deze naam bestond al als aanduiding voor de [Rooms-]Katholieke Kerk in Engeland, zoals de [Rooms-]Katholieke Kerk in Frankrijk *Ecclesia Gallicana* werd genoemd. Later zou Elizabeth I, dochter van Henry VIII, de aanduiding *Supreme Head* veranderen in *Supreme Governer* (opperste bestuurder) van de Kerk van Engeland.

---

5 Neill, *Anglicanism*, 35.
6 Neill, *Anglicanism*, 35.
7 Neill, *Anglicanism*, 47.

Overzicht van de vrouwen en kinderen van Henry VIII.

Fidei Defensor

Van paus Leo X had Henry VIII de titel *Fidei Defensor* (verdediger van het geloof) gekregen vanwege zijn publicatie *Assertio Septem Sacramentorum* uit 1521. Hierin bestreed hij de ideeën van Maarten Luther ten aanzien van de sacramenten. Ook na de *Act of Supremacy* deed Henry zijn titel nog altijd eer aan. Als reactie op de *Tien Artikelen* (1536) van de protestants gezinde Thomas Cranmer publiceerde Henry *Zes Artikelen* die expliciet katholiek waren. Hij hoopte hiermee de Reformatie een halt toe te roepen. Pas tijdens de regering van Edward VI, Henry's zoon, kregen de opvattingen van de reformatoren van het continent officieel voet aan de grond in Engeland.

Het verdere leven van Henry VIII

Over het – vaak tragische – lot van de echtgenotes van Henry VIII leren Engelse schoolkinderen het volgende rijmpje: 'divorced, beheaded, died/divorced, beheaded, survived'. Uit het eerste huwelijk van Henry VIII werd Mary geboren, de latere koningin Mary I. Zij trouwde met Filips II, die van 1553 tot 1558 koning van Spanje was en ook heer der Nederlanden. Henry's tweede vrouw, Anna Boleyn, baarde een dochter, Elizabeth. Zij was de latere koningin Elizabeth I. Anna werd onthoofd en een week later trouwde Henry met Jane Seymour. Zij was toegewijd katholiek en smeekte haar man of hij de ontbinding van de kloosters wilde intrekken. Henry VIII had namelijk opdracht gegeven tot het sluiten van de kloosters. Jane was de moeder van de latere koning Edward VI, maar stierf in het kraambed. In januari 1540 trouwde Henry met Anna van Kleef, maar scheidde al spoedig. In juli van hetzelfde jaar trouwde hij met Catharina Howard. Zij werd in 1542 onthoofd. In 1543 trouwde hij met Catharina Parr, zij overleefde hem. Henry VIII overleed in het jaar 1547 en werd begraven in St George's Chapel van Windsor Castle.

7 | THOMAS CRANMER

> 'The Book of Common Prayer *owes its character above all to one man: Thomas Cranmer, Archbishop of Canterbury from 1533-1556.*'
>
> GORDON JEANES[8]

Zoals we in het vorige hoofdstuk zagen, ging de Engelse Reformatie in eerste instantie vooral over kerkrecht, en niet zozeer over theologisch-inhoudelijke punten. Henry VIII was en bleef immers overtuigd rooms-katholiek. Toch bleef de Duitse Reformatie in Engeland niet onopgemerkt. Vanaf 1521 bespraken jonge, hervormingsgezinde theologen en studenten de veranderde kijk op kerk en Bijbel. Zij ontmoetten elkaar in de *White Horse Tavern* (of *White Horse Inn*) in Cambridge. Omdat met name de werken van Maarten Luther bediscussieerd werden, kreeg de herberg de bijnaam 'Germany'. Deze ontmoetingen vormen het begin van de (theologische) Engelse Reformatie. De jongemannen leerden van Luther de Bijbel op een nieuwe manier te lezen. Door zijn vertaling van het Nieuwe Testament stimuleerde Luther dat gelovigen zelf de Bijbel zouden gaan lezen. Ook kregen de theologen in Cambridge aandacht voor de 'rechtvaardiging door het geloof' en 'het priesterschap aller gelovigen'.

Een van de vaste bezoekers van de White Horse Tavern was Thomas Cranmer (1489-1556). Hij wordt beschouwd als de architect van het eerste *Book of Common Prayer* (1549) en de tweede editie (1552) hiervan. Cranmer werd in 1489 geboren in Aslockton in Nottinghamshire. Toen hij veertien was, werd hij naar Cambridge gestuurd om te gaan studeren aan het net opgerichte Jesus College. Tijdens zijn studie bestudeerde hij de werken van de humanist Erasmus. In 1514 kreeg hij zijn mastergraad en werd hij *fellow* (academisch medewerker) van Jesus College. In hetzelfde jaar trouwde hij met Joan, de dochter van de herbergier van Dolphin Inn aan de Bridge Street in Cambridge. Cranmer was toen uiteraard nog geen priester. Na zijn huwelijk moest hij zijn *fellowship* bij Jesus College beëindigen. Joan stierf na de geboorte van hun eerste kind. Later werd Cranmer uitgenodigd om opnieuw fellow van Jesus College te worden. Hij begon een studie theologie en behaalde in 1526 zijn doctorstitel. In

8 Gordon Jeanes, 'Cranmer and Common Prayer', in: Charles Hefling, Cynthia Shattuck, *The Oxford Guide to the Book of Common Prayer. A Worldwide Survey*, Oxford, 2006, 21-38, 21.

de jaren dat hij studeerde, werden de ideeën van Maarten Luther in Engeland verspreid.

In 1529 mocht Thomas Cranmer meedenken over het wel of niet nietig verklaren van het huwelijk van koning Henry VIII. Blijkbaar was hij in die tijd in de gunst gekomen bij de koning, want drie jaar later benoemde Henry hem tot aartsbisschop van Canterbury. Jack McDonald en Joan Vandenheede noemen Thomas Cranmer 'de getrouwe schoothond-aartsbisschop' van Henry VIII.[9] De eerste reformator van het continent die Cranmer ontmoette was Simon Grynaeus, een volger van Zwingli. Cranmer en Grynaeus werden vrienden en Grynaeus schreef over hun vriendschap aan de Duitse reformator Martin Bucer uit Straatsburg. Tijdens zijn verblijf op het continent trouwde Cranmer stiekem met Margarethe, een nichtje van de vrouw van de Duitse predikant Lucas Osiander. Hiermee verbrak hij zijn priesterlijke gelofte.

Tijdens de regering van Henry VIII en zijn zoon, Edward VI, kreeg Cranmer alle ruimte om de theologische reformatie in Engeland verder vorm te gaan geven. Hij was de ontwerper van zowel de eerste editie van het *Book of Common Prayer* (1549) als de tweede (1552). Na de publicatie van de eerste editie nodigde Cranmer een aantal prominente reformatorische theologen van het continent uit om mee te denken. Als gevolg daarvan werd de tweede editie van het *Book of Common Prayer* veel protestantser dan de eerste. Onder Mary I keerde het tij. Cranmer moest al zijn protestantse ideeën herroepen. Dat deed hij, maar desondanks werd hij op 21 maart 1556 tijdens een dienst in de St Mary's Church (nu University Church) in Oxford gearresteerd en vervolgens levend verbrand. Volgens de overlevering trok hij zijn herroeping weer in, en zei: 'De hand waarmee ik de herroeping heb ondertekend, zal ik als eerste in het vuur steken.' En dat heeft hij gedaan. Hij riep: 'Wat de paus betreft, ik verwerp hem als de vijand van Christus en de Antichrist, met al zijn valse doctrines.' Zijn laatste woorden waren: 'Heer Jezus, ontvang mijn geest.'

Thomas Cranmer wordt jaarlijks op 21 maart herdacht in de anglicaanse kerk.

9 McDonald en Vandenheede, *De Anglicaanse Kerk*, 41.

'In de zomer van 1949 waren wij voor het eerst in Engeland, ergens in het noorden, tussen Sheffield en York, (...) waar een grote bijeenkomst was belegd, zoiets als wat later in het Duits "Kirchentag" zou gaan heten. Maar dan wel op zijn Brits, wat voor ons een openbaring was. We werden voorgoed gewonnen voor een Engeland dat op zijn paasbest anglicaans is. Voor mij betekenden die veertien dagen het begin van een exodus. Ik heb van toen af gaandeweg de liturgie leren waarderen.'[10]

WILLEM BARNARD

10 Willem Barnard, *Een zon diep in de nacht. De verzamelde dagboeken 1945-2005*, Vught, 2009, 42.

8 | HET EERSTE BOOK OF COMMON PRAYER (1549)

'The Reformation Bible and Cranmer's Book of Common Prayer have remained the two supreme glories of English religious literature. At no other period in our history could they have appeared in so perfect a form; at the same time they provided a splendid model for a language then at the close of a formulative era and seeking new ways foreward.'

KENNETH R. LONG[11]

Van het *Book of Common Prayer* verschenen in totaal vier edities. De eerste drie volgden kort op elkaar (in 1549, 1552 en 1559), tussen de derde en de vierde editie (1662) zat ruim een eeuw. Dat heeft alles te maken met de roerige politieke ontwikkelingen in Engeland in de zestiende en zeventiende eeuw, zoals te lezen is in de volgende hoofdstukken. Het *Book of Common Prayer* bevat teksten voor onder andere eucharistievieringen, matins en evensongs, doop, huwelijk, begrafenis en wijdingen. Ook zijn er leesroosters en vaste gebeden in opgenomen.

In de jaren 1540 ontstond er behoefte aan een complete, uniforme liturgie in de volkstaal. Tot dan toe werden de vieringen (grotendeels) in het Latijn gehouden. In 1548 kwam een aantal bisschoppen en andere geestelijken bijeen in het voormalige klooster van Chertsey en op Windsor Castle. Zij bespraken de inhoud van wat uiteindelijk het *Book of Common Prayer* zou worden. Vermoedelijk waren de teksten op dat moment al grotendeels geschreven door Thomas Cranmer. De vergadering hoefde alleen nog beslissingen te nemen over enkele formuleringen en de indeling.

Met het *Book of Common Prayer* werd een nieuwe standaard neergezet. Kenneth Long roemt de literaire kwaliteit van de teksten en noemt het een mooi toeval dat het boek ontstond in een van de bloeiperiodes van het Engelse proza.[12] Het *Book of Common Prayer* is volgens hem een kunstwerk: waardig, sierlijk en helder. 'There is no doubt that the repetition of their beautiful and smoothly flowing phrases day by day and week by week had a profound and ennobling influence on the development of English language and thought for the next four hundred years.'[13]

---

11 Kenneth R. Long, *The Music of the English Church*, Londen, 1972, 26.
12 Zie citaat aan het begin van dit hoofdstuk.

De uitgangspunten van het *Book of Common Prayer*

Long onderscheidt vijf principes die ten grondslag lagen aan het eerste *Book of Common Prayer*:

1. De vieringen moesten *begrijpelijk en verstaanbaar* zijn. Alles wat er gezegd en gesproken werd, moest voortaan in de volkstaal gebeuren. Het Engels verving het Latijn dus volledig. Deze regel gold niet voor de *college chapels*, omdat op de universiteiten het Latijn de *lingua franca* was.
2. De vieringen moesten *eenvoudig* zijn, op zo'n manier dat zelfs het eenvoudigste ('humblest') volk kon participeren. De vieringen van voor de Reformatie werden als te uitgebreid en opgesmukt beschouwd.
3. Er moest *uniformiteit* van liturgie komen, zodat iemand die vanuit een ander deel van het land kwam meevieren, zich meteen thuis zou voelen. Vóór 1549 waren er verschillende orden van dienst in omloop. Aan dit gebruik moest een einde komen, zoals Thomas Cranmer schrijft in het voorwoord van het eerste *Book of Common Prayer*: 'Some following Salisbury Use, some Hereford Use, and some the Use of Bangor, some of York, some of Lincoln; now from henceforth all the whole Realm shall have but one Use.'
4. Een belangrijk aspect van de nieuw ontworpen getijdenvieringen, de matins en evensong, was de *lectio continua*, de doorgaande lezing van de Bijbel. Indachtig een van de motto's van de Reformatie, Sola Scriptura, waren voortaan in de vieringen alleen nog bijbellezingen toegestaan, en geen levensbeschrijvingen meer van heiligen. Praktisch betekende dit dat in een jaar tijd het Oude Testament in zijn geheel werd gelezen en het Nieuwe Testament drie keer. De 150 psalmen werden in een maand gezongen.
5. Meer in het algemeen gold dat voor de samenstellers van het *Book of Common Prayer reformatie* een belangrijk thema was. De katholieke kerk was in hun ogen in de loop van de tijd corrupt geworden, zoals Cranmer in het voorwoord schrijft. Hij somt allerlei zaken op die in zijn ogen misstanden zijn. De reformatoren wilden dat de nieuwe orden van dienst geworteld zouden zijn in de traditie, maar dan in een gezuiverde vorm. In hun streven om het beste uit de traditie te bewaren, werden er zelfs nieuwe Engelse vertalingen gemaakt van gregoriaanse gezangen die zo goed als mogelijk pasten op de bestaande melodie.

13 Long, *The Music of the English Church*, 26.

Veranderingen

Van deze vijf principes zorgde het *streven naar eenvoud* vermoedelijk voor de grootste veranderingen. Dit uitte zich op drie manieren:

1. vereenvoudiging van de kalender,
2. vereenvoudiging van de vieringen,
3. één dienstboek in plaats van vele losse liturgische boeken.

1. Vereenvoudiging van de kalender

In de middeleeuwse kalender waren veel speciale dagen te vinden voor heiligen. Er waren zes grotere en kleinere feesten voor Maria, gedenkdagen van overledenen, votiefmissen, et cetera. Van de grotere feesten werden bovendien de octaafdagen gehouden. Een octaafdag is de achtste dag van een feest, waarbij de eerste dag wordt meegeteld. De samenstellers van het *Book of Common Prayer* pasten de kerkelijke kalender rigoureus aan. Vele heiligendagen werden geschrapt, met uitzondering van Maria Hemelvaart en de gedenkdagen van de evangelisten en apostelen.

2. Vereenvoudiging van de vieringen

Alleen al aan de dagelijkse getijdenvieringen is de vereenvoudiging van de vieringen duidelijk afleesbaar. De monastieke traditie telt acht getijdenvieringen per etmaal:

Matins of Vigil (metten of vigilie)	rond middernacht
Lauds (lauden)	in de zeer vroege morgen
Prime (priem)	bij de dageraad (of soms om 6 uur in de morgen)
Terce (terts)	het derde uur (9 uur in de morgen)
Sext (sext)	het zesde uur (12 uur)
None (noon)	het negende uur (3 uur in de middag)
Evensong of Vespers	in de (vroege) avond
Compline (completen)	voor het slapengaan

In de praktijk werden de eerste twee of drie vieringen vaak samengevoegd. In het eerste *Book of Common Prayer* werden de acht klassieke gebedsuren uit de monastieke traditie gereduceerd tot twee, een *morning prayer* en een *evening prayer*. Het nieuw ontstane morgengebed, matins, was een samenvoeging van de drie eerste getijden: metten, lauden en priem. Het avondgebed, evensong, werd samengesteld uit de vespers en completen. Zo ontstond een nieuwe, unieke viering met zowel het Magnificat, afkomstig uit de vespers, als ook het Nunc dimittis, afkomstig uit de completen.

3. Eén dienstboek in plaats van vele losse liturgische boeken

Het *Book of Common Prayer* verving alle liturgische boeken die in de rooms-katholieke liturgie in Engeland gebruikt werden. Al met al ging dat om een groot aantal. Om er enkele te noemen: het missaal of misboek, dat de volledige orde van dienst van de mis met de gezongen onderdelen voor de priester bevatte, het brevier met de teksten voor de getijden en het antifonarium met de gezongen onderdelen van de getijden. Daarnaast waren er boeken voor bijzondere gelegenheden, zoals doop en begrafenis. Sommige boeken waren zo omvangrijk dat ze niet in één band pasten. Het missaal bijvoorbeeld bestond uit vijf losse delen, terwijl het brevier zelfs zeven delen bevatte. Het was voor priesters niet eenvoudig om een weg te vinden in de grote hoeveelheid boeken. Er bestond een soort handleiding voor alle in omloop zijnde liturgische boeken, het *Ordinal* of *Directorium*, bijgenaamd *the Pie*, maar het raadplegen hiervan was al een kunst op zich. *Pie* is een afkorting van *magpie*, ekster. Het boek dankte zijn bijnaam aan de kleuren waarin het gedrukt was: zwart-wit, en niet in het gebruikelijke rood en zwart. In het voorwoord van het eerste *Book of Common Prayer* doet Cranmer zijn beklag over de gecompliceerde praktijk:

> 'The number and the hardness of the Rules called the Pie, and the manifold changings of the Service, was the cause, that to turn the Book only was so hard and intricate a matter, that many times there was more business to find out what should be read, than to read it when it was found out.'

Gevolgen voor de kerkmuziek: *'for every syllable a note'*

De Reformatie had grote gevolgen voor de kerkmuziek. Tussen 1536 en 1540 werden er ongeveer achthonderd kloosters en abdijen ontbonden. Zo'n vijftig daarvan hadden een bloeiende koorpraktijk met een bijbehorende koorschool. Naast zangers waren er koorleiders, componisten en kopiisten in dienst. Met de ontbinding van de kloosters werden duizenden musici en zangers ontslagen. Sommige van hen kregen een nieuwe positie aan een van de kathedralen of kapellen.

Aan de nieuw te componeren liturgische muziek werden strenge eisen gesteld. In de *Lincoln Cathedral Injunctions* van 14 april 1548 is het volgende voorschrift opgenomen:

> '[The choir] shall from henceforth sing or say no anthems of our Lady or other Saints, but only of our Lord, and them not in Latin; but choosing out the best and most sounding to Christian religion they shall turn the same into English, setting thereunto a plain and distinct note for every syllable one: they shall sing them and none other.'[14]

Er mochten dus geen Maria-antifonen meer gezongen worden en de hele liturgie moest voortaan in het Engels gevierd worden. Dat betekende dat componisten alle teksten opnieuw moesten toonzetten. Melismen (meerdere noten op één lettergreep) waren daarbij niet toegestaan. Op feestdagen mocht de muziek 'a much more solemn' zijn. Het *Handboek van de koormuziek* noemt deze ingrijpende veranderingen 'catastrofaal voor de componisten van de rijke en klankvolle polyfonie die aan het begin van de zestiende eeuw in de kerken van Engeland klinkt'.[15]

---

14 Peter le Huray, *Music and the Reformation in England 1549-1660* (Cambridge Studies in Music), 1967/1978, 9.

15 Hans Noyens (red.), *Handboek van de koormuziek. De belangrijkste componisten en werken van 1400 tot nu*, Utrecht, 2012, 52.

9| ONTWIKKELINGEN VANAF 1549

'In de liturgie (...) wordt het onnoembare genoemd, wordt uitgedrukt wat eigenlijk niet uit te drukken is, wordt verbeeld wat eigenlijk niet te verbeelden is. Muziek biedt ons de mogelijkheid om wat niet uit te drukken is toch vorm te geven.'

A. PETERS O.F.M.[16]

Edward VI – Het eerste en tweede *Book of Common Prayer* (1549 en 1552)

Edward VI (1537-1553) was de zoon van Henry VIII en zijn derde vrouw Jane Seymour. Toen hij de troon besteeg om zijn vader op te volgen, was hij negen jaar oud. Edward kreeg een protestantse opvoeding. Vanwege zijn jeugdige leeftijd trad zijn oom, Edward Seymour, hertog van Somerset, op als belangrijkste regent. De reformatiebeweging zag in Edward VI een soort jonge koning Josia uit de Bijbel (II Koningen), die zou voltooien wat zijn vader was begonnen. Engeland werd onder Edward een toevluchtsoord voor protestantse vluchtelingen uit Europa. In Londen ontstond bijvoorbeeld de eerste Nederlandse protestantse gemeente, gesticht in 1550. Onder Edwards regering verschenen het eerste en tweede *Book of Common Prayer* (1549 en 1552). Edward overleed in 1553 aan de gevolgen van tuberculose. Hij was nog geen zestien jaar oud.

Mary I

Edward werd opgevolgd door zijn oudste halfzus, Mary (1516-1558). Zij was de dochter van Henry VIII en diens eerste vrouw, Catharina van Aragon, en toegewijd rooms-katholiek. Haar troonsbestijging luidde een zware periode in voor de protestanten. Mary was verbitterd door wat Henry VIII haar moeder en haarzelf had aangedaan. Toen Henry scheidde van Catharina van Aragon was Mary door hem als bastaard bestempeld. Ze was gedwongen een document te ondertekenen waarin stond dat het huwelijk van haar vader en moeder bloedschennis was geweest. Ook mocht ze haar moeder niet meer zien. Tijdens haar bewind draaide ze alle kerkelijke hervormingen die door Henry VIII en (de re-

16 A. Peters o.f.m., 'Liturgie – begripsbepaling', in Siem Groot (red.), *De lof Gods geef ik stem. Inzichten en achtergronden van de vocale muziek in de rooms-katholieke eredienst*, Baarn, 1993, 7.

genten van) Edward VI waren doorgevoerd, weer terug. Het *Book of Common Prayer* werd afgeschaft en de *Sarum Rite* weer ingevoerd. Mary zette ongeveer driehonderd protestanten op de brandstapel. Haar bekendste slachtoffers waren de drie martelaren van Oxford, de bisschoppen Nicholas Ridley, Hugh Latimer en Thomas Cranmer. Vanwege haar schrikbewind werd zij 'Bloody Mary' genoemd.

Elizabeth I – Het derde *Book of Common Prayer* (1559)

Na de dood van Mary in 1558 besteeg Elizabeth I (1533-1603), dochter van Anna Boleyn en Henry VIII, de troon. Haar lange regeerperiode (1558-1603) zorgde ervoor dat de Church of England in rustiger vaarwater terechtkwam. Elizabeth was gematigd protestants en grondlegster van het zogenaamde 'Elizabethaanse compromis'. Dit compromis tussen rooms-katholieke en reformatorische opvattingen uitte zich in een nieuwe editie van het *Book of Common Prayer* in 1559. Elementen uit het eerste en tweede boek werden in deze derde editie gecombineerd. Een gulden middenweg, zou je kunnen zeggen. Toch was Elizabeth in de ogen van veel katholieken te protestants en te katholiek voor een deel van de protestanten. In 1570 werden Elizabeth en de anglicaanse kerk geëxcommuniceerd door paus Pius V. Dat moet haar pijn gedaan hebben, want in haar privékapel werden op haar wens enkel Latijnse vieringen gehouden. Zij liet hiertoe het *Book of Common Prayer* vertalen in het Latijn.

James I, Charles I en Oliver Cromwell

Elizabeth I werd na haar dood in 1603 opgevolgd door James I. Hij was de eerste Stuart-koning. Zijn naam leeft voort in de *King James Version*, een bijbelvertaling die onder zijn regering verplicht werd gesteld. De zestig jaren die zouden volgen, waren opnieuw een woelige periode. Een richtingenstrijd die al decennialang speelde, mondde uit in een groot conflict en uiteindelijk een burgeroorlog. Al vanaf het begin van de Engelse Reformatie waren er theologen die vonden dat de anglicaanse kerk niet genoeg afstand nam van de kerk van Rome. Zij werden, met hun aanhangers, puriteinen genoemd. In Schotland vormden zij een significante groep, die onder leiding van John Knox (1505?-1572) de hoofdstroom van de kerk vormde. In Engeland vormden zij een minderheid binnen de anglicaanse kerk. Onder James I, die weinig tolerant was, weken velen van hen uit naar Nederland en Amerika. Zij gingen de geschiedenis in als de Pilgrim Fathers. De naam van de Pelgrimvaderskerk in Delfshaven (Rotterdam) herinnert nog aan hen.

Zowel de puriteinen als de katholieken dongen naar de gunst van de koning en wilden hem aan hun zijde hebben. De puriteinen probeerden het *Book of Common Prayer* te verbieden en verzamelden daartoe duizenden handtekeningen. De kroning van Charles I in 1625 zorgde voor een nog grotere tegenstelling binnen de anglicaanse kerk. Tot onvrede van de puriteinen sloeg hij een meer katholieke richting in. Onder leiding van William Laud, aartsbisschop van Canterbury, onderging het *Book of Common Prayer* enkele 'katholieke' revisies. Dit leidde tot woedende reacties van de puriteinen en uiteindelijk tot de Engelse Burgeroorlog (1642-1645 en 1648-1649). William Laud werd in 1645 geëxecuteerd. De koning zelf, Charles I, werd in 1649 onthoofd. Vanaf dat moment tot 1660 was het land een republiek, het Gemenebest van Engeland (*Commonwealth*). Oliver Cromwell leidde het land op tirannieke wijze.

Tussen 1645 en 1660 werd het *Book of Common Prayer* verboden door het parlement. Het werd vervangen door een *Directory of Public Worship*. De kerkelijke feestdagen werden afgeschaft (ook Kerst, Pasen en Pinksteren) en duizenden priesters werden afgezet. De puriteinen waren tegen orgel- en koormuziek in de liturgie, er mochten alleen nog onbegeleide metrische psalmen door de gemeente worden gezongen. Koorscholen werden verboden, koorbibliotheken werden verbrand en orgels afgebroken.

Oliver Cromwell kwam op wrede wijze om het leven en werd opgevolgd door zijn zoon Richard. Hij was echter niet lang in staat de republiek te leiden. Charles II keerde terug uit ballingschap en werd tot koning gekroond. Deze gebeurtenis en de daaropvolgende decennia worden in de Engelse geschiedenis de *Restoration* genoemd.

In 1660 werd, met het koningshuis, ook de episcopale structuur hersteld en twee jaar later verscheen de vierde editie van het *Book of Common Prayer*.

10 | HET BOOK OF COMMON PRAYER II, III EN IV (1552-1662)

'The 1662 Book of Common Prayer is unique among the worship books of Christendom in having become the touchstone for the ethos and even, for hundreds of years, the unity of a whole church.'

ROWAN WILLIAMS, VOORMALIG AARTSBISSCHOP VAN CANTERBURY[17]

Het eerste *Book of Common Prayer* (1549) werd al na drie jaar vervangen door een nieuwe editie. Deze revisie (1552) verscheen net als haar voorganger onder Edward VI en werd eveneens door Cranmer geredigeerd. De tweede editie was, onder invloed van reformatoren van het continent, radicaler protestants dan de eerste. Enkele opvallende veranderingen:

- de gewaden werden afgeschaft;
- de oriëntatie op het oosten werd afgeschaft;
- de schuldbelijdenis aan het begin van de evensong werd toegevoegd;
- de dagelijkse eucharistieviering werd vervangen door één communiedienst per maand.

Ook werden er enkele tekstuele wijzigingen doorgevoerd, waar ik in de volgende hoofdstukken meer in detail op zal ingaan.

Het derde *Book of Common Prayer* (1559)

Na een tijdelijke terugkeer naar de rooms-katholieke kerk onder Mary I werd het *Book of Common Prayer* door Elizabeth I weer in gebruik gesteld. Bij deze gelegenheid werd het opnieuw aan een revisie onderworpen. Een deel van de protestantse veranderingen in de tweede editie werd weer teruggedraaid, waarmee deze derde editie als een compromis tussen de eerste en tweede editie van het *Book of Common Prayer* wordt beschouwd.

17 Charles Hefling en Cynthia Shattuck (ed.), *The Oxford Guide to the Book of Common Prayer. A worldwide Survey*, Oxford, 2006, xiii.

Het vierde *Book of Common Prayer* (1662)

In 1662, tijdens de *Restoration*, verscheen de vierde en tot op heden definitieve editie van het *Book of Common Prayer*. Deze editie werd verplicht gesteld door de *Act of Uniformity*.

De volledige titel van deze editie luidt:
The Book of Common Prayer and Administration of the Sacraments and other Rites and Ceremonies of the Church according to the Use of the Church of England together with the Psalter of Psalms of David pointed as they are to be sung or said in churches and the form of manner of making, ordaining, and consecrating of bishops, priests and deacons.

Ten opzichte van zijn voorganger, de editie-1559, telt het *Book of Common Prayer* uit 1662 ongeveer zeshonderd kleine wijzigingen. Het ademt in grote lijnen nog altijd de geest van het 'Elizabethaanse compromis'. De orde van de choral evensong is op enkele punten aangepast. Zo zijn er aanwijzingen voor het knielen toegevoegd en werd het Onze Vader aan het begin van de viering voortaan door de voorgangers en gemeente samen gebeden. Bij de bespreking van de afzonderlijke delen van de evensong in de volgende hoofdstukken zullen nog enkele andere wijzigingen ter sprake komen.

Latere revisies

Al sinds het einde van de zeventiende eeuw zijn er pogingen ondernomen om het *Book of Common Prayer* te herzien. In 1927 leek er, na jaren van voorbereiding, een nieuwe editie te komen, maar deze werd weggestemd door het parlement. In 1928 werd deze editie onder de naam *Proposed Book of Common Prayer*[18] echter toch uitgegeven en illegaal in een aantal kerken in gebruik genomen. Later werd deze editie alsnog goedgekeurd als alternatief voor het *Book of Common Prayer* (1662). Datzelfde geldt voor *The Alternative Service Book* (1980) en *Common Worship* (2000).

18 Voluit: *The Book of Common Prayer with the additions and deviations proposed in 1928.*

11 | THOMAS TALLIS

'Tallis is undoubtedly the most significant Elizabethan composer born earlier than Byrd.'

KENNETH R. LONG[19]

In het muzikale werk van componist Thomas Tallis (ca. 1505-1585) worden de politieke en theologische veranderingen in de zestiende eeuw treffend zichtbaar. Ook de gevolgen van de nieuwe muzikale voorschriften zijn goed waarneembaar. Tijdens de Reformatie kreeg hij de opdracht Engelse teksten op eenvoudige, homofone wijze te toonzetten. Die moesten de plaats innemen van luisterrijke polyfone werken in het Latijn. Voorbeelden hiervan zijn 'If ye love me' en 'A new commandment'. Later ging Tallis weer volop Latijnse teksten toonzetten als hofcomponist onder Mary I en Elizabeth I.

Tallis is de belangrijkste Elizabethaanse componist vóór William Byrd, zoals Long aangeeft.[20] Het lijkt wel of hij alles kon, van het componeren van complexe polyfonie waarmee hij de Vlaamse meesters naar de kroon stak tot eenvoudige homofone koorwerken volgens de nieuwe reformatorische principes. Hij componeerde zowel de wondermooie 'Tallis' canon', als een van de opzienbarendste werken uit de muziekgeschiedenis, het veertigstemmige motet 'Spem in alium'. Ook componisten als Christopher Tye en John Sheppard zetten Engelse liturgische teksten op muziek in de (verplichte) eenvoudige noot-tegen-nootstijl.

Tallis begon zijn muzikale loopbaan in de rooms-katholieke kerk. De eerste keer dat we van hem horen is in 1531. Hij is dan *joculator organorum* (bespeler van het orgel) van Dover Priory. Deze priorij grensde aan de oostkant van wat tegenwoordig spoorwegstation Dover Priory is. Niet veel later kreeg hij een betrekking bij een klooster in Londen. In 1540, toen de kloosters door Henry VIII ontbonden werden, trok Tallis naar Canterbury om daar als *lay clerk* (betaalde zanger) in het kathedrale koor te zingen. Hij werd uitverkoren om in dienst van Mary I te treden, als *gentleman* (zanger) van de Chapel Royal, het ensemble dat de (kerk)muziek aan het hof verzorgde, in Londen. Na het overlijden van Mary diende hij Elizabeth I tot aan zijn dood in 1585.

19 Long, *The Music of the English Church*, London, 1971, 69.
20 Long, *The Music of the English Church*, 69.

Latijnse werken

Elizabeth had een voorliefde voor Latijnse liturgie. Dit bood Tallis de unieke mogelijkheid om grootse polyfone koorwerken te blijven componeren. Voor de vieringen in de koninklijke kapel werd gebruikgemaakt van de Latijnse vertaling van het *Book of Common Prayer*. Deze vertaling was gemaakt door Walter Haddon, kort nadat Elizabeth gekroond werd. De titel luidde: *Liber precum publicarium*. Tallis kreeg de opdracht om een aantal teksten hieruit te toonzetten, waaronder het Magnificat en Nunc dimittis. Dit was een novum, want gecombineerde toonzettingen van deze cantica bestonden tot dan toe niet in het Latijn. Tot Tallis' mooiste composities uit de katholieke periode onder Mary I wordt de mis 'Puer natus est nobis' gerekend. Hij componeerde dit werk mogelijk voor Eerste Kerstdag 1554, toen Mary's echtgenoot, Filips II van Spanje, in Londen was. De mis zou bij die gelegenheid uitgevoerd kunnen zijn door de zangers van de Chapel Royal en de Capilla Flamenca van het Spaanse hof tezamen.

Engelse werken

Vanwege zijn functie aan het hof componeerde Tallis slechts een bescheiden aantal toonzettingen van Engelstalige liturgische teksten. In het algemeen zijn deze eenvoudiger dan de Latijnse werken en overwegend homofoon, vanwege het voorschrift 'every syllable one note'. Maar wat hij componeerde is van hoge kwaliteit, bijvoorbeeld de anthem 'Hear the voice and prayer'.

In 1567 kreeg Tallis de opdracht van de aartsbisschop van Canterbury, Matthew Parker, om een aantal melodieën te schrijven voor een nieuwe psalmberijming, *Archbishop Parker's Psalter*. Hij schreef er negen in totaal. Naar de Engelse gewoonte om melodieën een naam te geven, werd die van Psalm 67 'Tallis' Canon' genoemd, in Nederland vooral bekend van het avondlied 'O Heer, mijn God, ook deze nacht' (Liedboek 243). Zijn melodie voor Psalm 2, 'Why fum'th in sight' kreeg later de naam 'Third Mode Melody', vanwege de derde (frygische) modus. Eeuwen later nam Ralph Vaughan Williams (1872-1958) deze melodie op in het *English Hymnal*. Daarnaast gebruikte hij deze melodie voor zijn orkestwerk 'Fantasia on a Theme of Thomas Tallis'. De melodie die Tallis schreef bij 'Come Holy Ghost, eternal God', een vertaling van de hymne 'Veni Creator Spiritus', werd 'Tallis' Ordinal' gedoopt. Ook deze melodie is in meerdere liedbundels opgenomen.

Van Tallis' Engelstalige *Services* is er maar één volledig overgeleverd, de *Short Service in the Dorian Mode*. De term 'short service' (de Engelse vertaling van 'missa brevis') slaat niet alleen op de lengte, maar ook op de eenvoudige, overwegend homofone schrijfwijze. In veel *Services* van tijdgenoten ontbreken het Credo en het Sanctus, omdat volgens de overlevering de koorleden tijdens deze onderdelen niet meer in de dienst aanwezig waren. De *Dorian Service* van Tallis is een van de weinige die deze delen wel bevat. Ook maken de preces en responses en de *canticles* voor zowel de matins als de evensong er deel van uit. De *Short Service* voorziet dus in de vaste gezangen voor elk van de drie zondagse vieringen. Er zijn ongeveer tien Latijnse motetten omgewerkt tot Engelstalige anthems.

'Evensong is voor mij een oase te midden van de vele verbale diensten; de prachtige muziek en schitterende koorzang brengt de bijbelse boodschap "dieper" binnen dan gesproken woorden.'

BEZOEKER EVENSONG

DEEL III
DE CHORAL EVENSONG

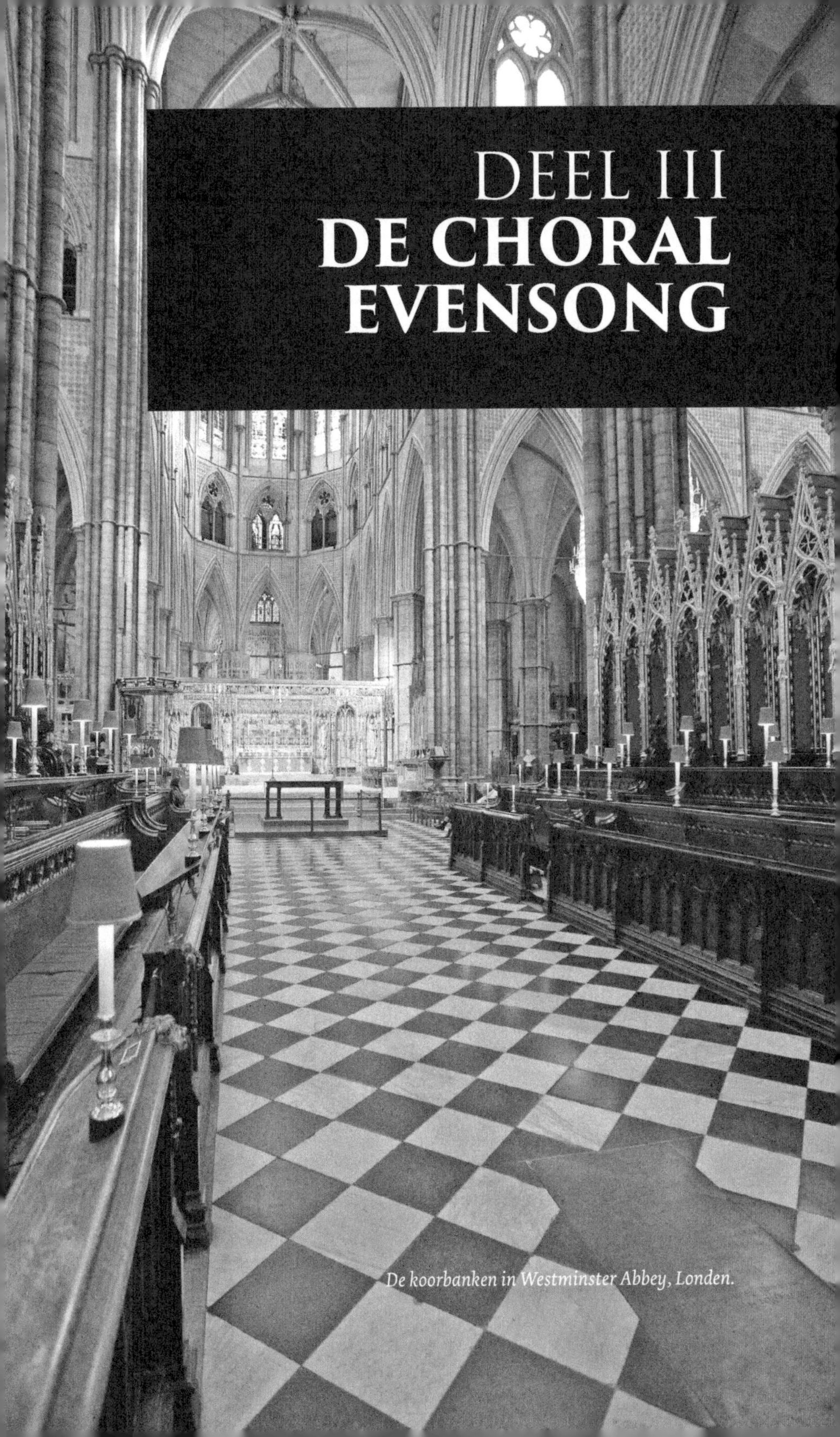

De koorbanken in Westminster Abbey, Londen.

12| SILENCE/STILTE

'Maar de stilte, dat is een tweestemmig lied, waarin God en mens elkaar raken.'

GUILLAUME VAN DER GRAFT[1]

'With silence in our liturgies we do not only mean that there should be explicit moments for meditation, or pockets of silence, or caesuras where we can catch our breath, but also that our words, when we use them, should carry the aura of silence, of the gravity of an encounter with God.'

MARCEL BARNARD, JOHAN CILLIERS EN CAS WEPENER[2]

Wie een kerk binnengaat waarin de evensong gezongen wordt, betreedt een gebedsruimte. Daarin is alles gericht op de ontmoeting met God. Wie wil, kan zich voorafgaand aan de evensong in stilte biddend voorbereiden. Die stilte is anders dan in een concertzaal, waar gegons klinkt tot de eerste hoboïst een 'a' laat horen en het orkest gaat stemmen.

Wanneer Jezus wilde bidden, zo lezen we in het Nieuwe Testament, zocht hij de stilte. Dom Bernardus Peeters, abt van Abdij Koningshoeven in het Brabantse Berkel-Enschot, schrijft dat stilte ontvankelijk maakt naar de diepte toe.[3] Hij legt uit dat stilte wel de afwezigheid van lawaai betekent, maar niet zozeer de afwezigheid van geluid. Ook tijdens de gezongen onderdelen en gesproken onderdelen in de choral evensong kan de stilte aanwezig blijven. Gerard Lukken, hoogleraar liturgie, zegt over stilte in samenhang met liturgie: 'Vanuit de stilte ontstaat openheid: naar binnen en naar buiten. In de stilte is immers inkeer mogelijk naar degene die mijn innerlijk uiteindelijk draagt, maar is ook gerichtheid naar buiten mogelijk naar de degene die de diepste grond is van de wereld en de anderen.'[4]

Er is een intrinsiek verband tussen stilte en muziek. Thomas Clifton[5] vergelijkt de stilte tussen de noten met de ruimte die er is tussen bomen

1 Uit het gedicht 'Zolang er nog ergens iemand bestaat'. Geciteerd uit: *Dienstboek - een proeve*. Deel 1, 1178.

2 Barnard, Cilliers en Wepener, *Worship in the Network Culture*, 163.

3 Bernardus Peeters, 'Zwijgen. Stilte', in: Marcel Barnard & Paul Post, *Ritueel bestek. Antropologische kernwoorden van de liturgie*, Zoetermeer, 2001, 155-161, 156.

4 Gerard Lukken, 'Liturgie en stilte', in: *Lijnen* 2 (1985), 38-42, geciteerd in: Peeters, 'Zwijgen', 159-160.

5 T. Clifton, 'The poetics of musical silence' in: *The musical quarterly* 62/2 (1976), 163-181, 163.

in een bos. Deze open ruimtes zijn een wezenlijk onderdeel van het bos. Ook in de liturgie is stilte een groot goed. Hiermee bedoel ik niet alleen specifieke momenten van aangekondigde stilte, maar ook dat er stilte onder de woorden en muziek aanwezig blijft. 'Woorden die de stilte niet breken', om Huub Oosterhuis te parafraseren.[6] In *Worship in the Network Culture* schrijven Marcel Barnard, Johan Cilliers en Cas Wepener over stilte in de liturgie als volgt: 'We are in the opinion that we are in dire need of silence in our liturgies, specifically also in the Protestant tradition, which often seems to equate Word-centeredness with being driven by words.'[7] Zij bedoelen met stilte in de liturgie niet alleen dat er momenten van stilte ingevoegd worden, maar ook dat 'our words, when we use them, should carry the aura of silence, of the gravity of an encounter with God'.[8] 'Dat onze woorden een aura van stilte dragen' vind ik treffend verwoord en ook dat de stilte een ontmoeting met God kan zijn.

In de praktijk

In kerkgebouwen die gewijd zijn, is stilte voorafgaand aan vieringen min of meer vanzelfsprekend. In veel protestantse kerken in Nederland wordt echter, zoals geïnterviewden in het evensong-onderzoek aangeven, voorafgaand aan, tijdens en na diensten hardop gepraat. Hoe verander je deze gewoonte? Daar is inzet voor nodig. Een mooi voorbeeld is de oecumenische gemeenschap in Taizé in Frankrijk. Daar staat bij iedere toegangsdeur iemand met een bordje waarop in meerdere talen 'Stilte' staat. Ook als er duizenden jongeren bij elkaar zijn, is het stil. Ik ben ervan overtuigd dat zoiets ook mogelijk is bij choral evensongs in protestantse kerken in Nederland. Soms maakt het kerkgebouw vanzelf al stil, bijvoorbeeld door de hoge gewelven of de lichtinval. Soms is er meer voor nodig. Te denken valt aan gastheren of -vrouwen die bezoekers bij de ingang welkom heten en vragen om stil te zijn. Het werkt ook goed om in het liturgieboekje een zinnetje op te nemen over de stilte. Voor aanvang van de evensong wordt er uiteraard gerepeteerd door het koor. Het is belangrijk dat het koor tijdig stopt met repeteren, zodat het stil is in de kerk als de deuren opengaan voor de bezoekers. Kaarsverlichting of gedempt licht kan meehelpen om de stilte te waarborgen. Het orgelspel voorafgaand aan de choral evensong is dienstbaar aan het gebed.

6 *Liedboek* 321.
7 Barnard, Cilliers en Wepener: *Worship in the Network Culture*, 163.
8 Barnard, Cilliers en Wepener: *Worship in the Network Culture*, 163.

'Van tevoren is er stilte. Ik vind het mooi dat ze dat ook in het boekje zetten. Zodra de klok gaat luiden, wordt iedereen stil. Je treedt als het ware uit de alledaagsheid en je gaat tot een andere orde over. Dat spreekt me erg aan.'

BEZOEKER EVENSONG

13 | CHORISTER'S PRAYER/ KOORGEBED

'Vide, ut quod ore cantas, corde credas, et quod corde credis, operibus comprobes.'

4E EEUW[9]

Voorafgaand aan de choral evensong bidden de voorgangers, *verger*, eventueel aanwezige *altar servers* (acolieten) en de koorzangers samen het koorgebed, *the chorister's prayer*.

De tekst hiervan luidt:

Bless, o Lord, us thy servants who minister in thy temple
[or: Bless us, o Lord, who lead your praise]
grant that what we sing with our lips,
we may believe in our hearts
and that what we believe in our hearts
we may show forth in our lives,
through Jesus Christ our Lord.
AMEN.

Het gebed wordt ook wel het *RCSM Chorister's Prayer* genoemd, omdat het is opgenomen in *het Chorister's Pocket Book* (1934), een uitgave van de School of English Church Music (nu Royal School of Church Music, RSCM). Destijds werd aangenomen dat het gebed geschreven is door Sir Sydney Nicholson of Cosmo Lang, de toenmalige aartsbisschop van Canterbury. Het is echter veel ouder, en heeft zijn oorsprong in de vierde eeuw. De tiende canon van het vierde concilie van Carthago (398) geeft deze zegenbede voor de cantores:

Vide, ut quod ore cantas, corde credas,
et quod corde credis, operibus comprobes.

9 Tiende canon van het vierde concilie van Carthago, 4e eeuw.

De Engelse vertaling luidt:

See that what you sing with your lips
you may believe in your heart,
and that what you believe in your heart
you may show forth in your works.

De eerste Engelse vertaling dateert uit 1840 en bestaat uit een gebed vóór en een gebed na de viering. Beide gebeden werden gepubliceerd in 1848.[10]

Het gebed na de viering is als volgt:

Grant, O Lord,
that what I have said and sung with my mouth,
I may believe in my heart;
and what I may believe in my heart,
I may steadfastly fulfil, through Jesus Christ our Lord.
AMEN.

Je kunt het bovenstaande koorgebed ook in het Nederlands bidden:

Zegen, ons, o Heer, die uw lof verkondigen,
geef, dat wat wij met onze lippen zingen
en dat wat wij geloven in onze harten
in onze levens zichtbaar zal worden,
door Jezus Christus, onze Heer.
AMEN.

Of, in de vertaling van Sytze de Vries:

Wees Gij de adem van ons lied
zodat ons hart gelooft wat onze mond bezingt
en laat, God, wat ons hart gelooft en onze mond bezingt,
uit onze daden spreken.
Aan God alleen de glorie!
AMEN.[11]

10 In: James Elwin Millard, *Historical Notices of the Office of Choristers*, Londen, 1848.
11 *Amsterdamse Katernen* 25.

In de praktijk

Iedere keer als dit oeroude gebed aan het begin van de evensong klinkt, besef ik dat we in een lange traditie staan van zangers die steeds weer de lof Gods gezongen hebben. Het ontroert me dat die lofzang nog steeds doorgaat. Tegelijkertijd ervoer ik de afgelopen jaren dat dit gebed op niet-kerkelijke zangers wat belerend kan overkomen, in de zin van: 'God, wij bidden dat deze zangers de woorden niet alleen zingen met hun mond, maar ook geloven met hun hart.' Als je het zo bekijkt, lijkt dit gebed juist voor een scheiding te zorgen in plaats van verbindend te werken. Persoonlijk vind ik het ook mooi om op deze plek te bidden om de heilige Geest, de Adem. In het Hebreeuws zijn adem en geest één en hetzelfde woord, *ruach*. Ook in het Latijnse *spiritus* is deze dubbele betekenis bewaard gebleven. Adem is de basis van het zingen, en is ook spiritualiteit. Graag geef ik het gebed weer dat bij de evensongs van de Schola Davidica Utrecht gebeden wordt:

> Gij, die woont op het bidden en zingen van mensen,
> wil vuur zijn voor ons uit,
> een wolk boven ons hoofd,
> adem die ons bezielt,
> licht in onze ogen,
> dit uur, vandaag en al onze dagen.[12]

Een ander koorgebed dat uit Engeland afkomstig is en waarin ook gebeden wordt voor de verzamelde gemeenschap in de kerk, is het volgende:

> Almachtige God,
> U hebt gewild dat de harten van mensen ontvlammen door muziek
> en dat daardoor hun geest zo zal worden afgestemd dat zij uw goddelijke geheimen verstaan:
> geef, bidden wij,
> dat allen die voorgaan in uw lof,
> mogen weten dat zij uw dienaren zijn
> en dat de harten van allen die horen
> tot U worden opgeheven,
> door Jezus Christus, onze Heer.
> AMEN.

---

12 Met dank aan het bestuur van de Schola Davidica Utrecht voor de toestemming om het gebed over te nemen.

'De ruimte voor stilte, de ruimte voor intens luisteren, dat is iets wat we uit Engeland hebben willen meenemen. En ik heb het idee dat dát er ook de oorzaak van is dat er zo'n divers pluimage op de evensongs afkomt. Ze mogen het gewoon ondergáán. En het is beeldschoon. Hun ziel wordt geraakt. Zoiets! Het klinkt misschien gek, maar de intro, het binnenkomen van het koor, is het moment waarop de sfeer verandert. Mensen hebben echt tranen in hun ogen als het koor zingend binnenkomt. Iedere keer weer.'

ORGANIST EVENSONG

Het Kampen Boys Choir o.l.v. Rintje te Wies repeteert de introit in de Domkerk te Utrecht voor de choral evensong bij het Choral Evensong Symposium, 13 februari 2020. (Foto: Mieke Breij)

14 | INTROIT/INTREDE

'Als je het ritueel goed doet en de muziek goed zingt, dan werkt dat – als je dat al zou willen – meer evangeliserend dan de beste preek.'

HERMAN FINKERS[13]

Vandaag de dag beginnen veel doordeweekse choral evensongs in Engeland met een kort koorwerk in plaats van de gesproken *Introduction* met schuldbelijdenis en genadeverkondiging (zie het volgende hoofdstuk). Dit inleidende koorwerk wordt aangeduid als *introit* en wordt achter in de kerkruimte gezongen. In de eucharistieviering op zondagmorgen slaat de term 'introit' op de introïtus (intredepsalm), maar in de evensong wordt hiermee dus de anthem bedoeld die het koor aan het begin van de viering zingt. Dit werk is in het algemeen korter dan de anthem die later in de evensong gezongen wordt. De gezongen introit is vaak een toonzetting van een verootmoedigende gebedstekst, zoals 'Lord, for thy tender mercy's sake' of de psalmtekst 'Hear my prayer, o Lord'. Na de introit schrijden koor en voorgangers naar voren. De organist speelt dan een *voluntary*. Voor het woord 'voluntary' bestaat eigenlijk geen adequate Nederlandse vertaling. Oorspronkelijk betekende het 'improvisatie', maar al vanaf de late renaissance worden ook uitgeschreven composities 'voluntary' genoemd. Het is dus een verzamelnaam die zoveel betekent als 'orgelwerk'. Orgelwerken uit alle landen en stijlperioden kunnen dienen als voluntary. Het is een handelingsondersteunend onderdeel van de liturgie, daarom stemmen organisten de lengte van de voluntary af op de duur van de processie. Op zondagen wordt tijdens de processie soms ook een *introit hymn* gezongen. In Engeland kent men de rol van de verger, die de processie in goede banen leidt. Voorop wordt het processiekruis gedragen, met aan weerszijden een kaars: cross and candles.

In de praktijk

In protestantse praktijken in Nederland heeft men vaak geen cross and candles en ook geen acolieten om het kruis en de kaarsen te dragen. Het zou het overwegen waard zijn om voor de evensongpraktijk een processiekruis en kaarsen aan te schaffen en mensen toe te rusten als acoliet, of kruis- of lichtdrager. Zij krijgen dan ook een koorgewaad aan. Als er

13 Stijn Fens, 'Ik vind het geen fijne tijd voor humor', Interview met Herman Finkers, *Trouw*, 25 december 2016.

geen processiekruis is, is het ook mogelijk om bijvoorbeeld de tafelkaarsen mee te dragen en op de altaartafel te plaatsen. Als er geen kruis of icoon is, als symbolische representatie van Christus, en geen altaar, is het de vraag of er gebogen moet worden, want: waar buig je dan naartoe? In het evensong-onderzoek vertellen zangers dat de precisie waarmee in Engelse kathedralen de processie gehouden wordt, diepe indruk op hen maakte. De processies in Nederlandse evensongs worden daarmee vergeleken soms nonchalant genoemd. Het verdient aanbeveling om de processie van tevoren te oefenen.

'Mijn schoonzoon is buitenkerkelijk. De eerste keer dat hij naar de evensong kwam, kreeg hij tranen in zijn ogen, alleen al omdat wij daar in zo'n zijbeuk staan te zingen. Dat maakte zoveel indruk op hem. Mensen vinden het binnenkomen van het koor heel mooi. Dat zingend binnenkomen, dat maakt zo'n indruk. Dat heeft iets... ja toch, iets gewijds.'

ZANGER EVENSONG

'Toen we de eerste keer naar Engeland gingen met het koor, kregen we een A4'tje van Salisbury Cathedral, waarop stond wat we allemaal moesten doen. Dat ging allemaal in de trant van: we moesten een pij aan, we moesten in optocht lopen, we moesten buigen bij dit, we moesten buigen bij dat... De Cathedral daar heeft een enorme toren, precies onder die toren is een steentje, een uitgeslepen steentje, en daar moesten wij precies het hoekje voor het keerpunt maken voor de optocht...! Ik dacht: Wat is dit verschrikkelijk! Ik ben natuurlijk een kind van de zestiger jaren, zo van 'huppakee, weg met al die tradities! Hup, het raam uit!'

Maar toen ik daar eenmaal was, dus binnen die drie dagen..., toen vond ik het zó mooi! Prachtig! Zo'n prachtig keerpunt, precies onder die toren en dan zo dat hoogkoor in lopen... Dat had zoiets... je zou haast zeggen: 'meditatiefs'. Ja! En sinds die tijd ben ik eigenlijk helemaal bekeerd van het idee 'alle tradities het raam uit'. Ik ben daar veel traditioneler in geworden! De kracht van het ritueel!'

ZANGER EVENSONG

15 | INTRODUCTION/ INTRODUCTIE

'Humiliation is the beginning of sanctification.'

JOHN DONNE[14]

Op zaterdag en zondag is er in choral evensongs in Engeland vaak een gesproken introductie. Deze inleiding bestaat uit een *exhortation* (vermaning, aansporing), *penitential confession* (schuldbelijdenis) en *absolution* (kwijtschelding, vergeving). In de confession en absolution zijn de schuldbelijdenis en genadeverkondiging uit de klassiek-gereformeerde liturgie te herkennen. Deze onderdelen zijn dan ook toegevoegd aan de orde van de evensong in de sterk protestants gekleurde tweede editie van het *Book of Common Prayer* (1552) en behoren tot de meest zichtbare reformatorische invloeden. Vermoedelijk is deze introductie gebaseerd op een gebed dat in Straatsburg gebruikt werd.

In de negentiende eeuw, onder invloed van de Oxford Movement, vond men het wat veel van het goede om deze schuldbelijdenis tweemaal per dag te bidden, zowel in de matins als in de evensong. Daarom liet men de introductie vaak weg, met een beroep op de oorspronkelijke editie van het *Book of Common Prayer*, waar deze 'reformatorische' schuldbelijdenis nog niet in stond. In de *Shortened Services Act* van 1872 werd het daadwerkelijk toegestaan om de exhortation op weekdagen weg te laten. Het *Proposed Book of Common Prayer* uit 1928 bood de mogelijkheid om de hele introductie weg te laten en direct met de responses te beginnen op weekdagen, op feestdagen die op een zondag vielen, of wanneer er nog een viering op de matins of evensong volgde. Zodoende staat, bij wijze van voorbeeld, op het blad met de 'Order of Service' voor de evensong in de kathedraal van Rochester vermeld:

On Sundays the service begins with the Introduction and Confession.
On other days the service begins with the Preces (opening Responses).

Onze Vader

In de eerste editie van het *Book of Common Prayer* beginnen zowel de matins als de evensong met het *Pater noster*, het Onze Vader. Dit moest

14 John Moses (red.), *One Equall Light. An Anthology of the Writings of John Donne*, Norwich, 2003, 267.

door de priester gebeden worden. Deze praktijk heeft oude wortels. Er zijn aanwijzingen dat al in de negende eeuw de getijden begonnen met het in stilte bidden van het Onze Vader. We vinden dit gebruik onder meer terug in de *Sarum Rite*, en Thomas Cranmer nam dit over. De Engelse term *The Lord's Prayer* ('Gebed des Heren'), bestond toen al, hij komt voor in een *Primer* (een Engelstalig getijdenboek) uit 1537.

De tekst van het Onze Vader is in de Bijbel te vinden, bijvoorbeeld in Matteüs 6,9-13, waar Jezus zijn leerlingen leert hoe zij moeten bidden. De doxologie 'Want van U is het koninkrijk en de kracht en de heerlijkheid' staat niet in het evangelie, maar is later toegevoegd. De doxologie klinkt wel bij het Onze Vader aan het begin van de evensong, maar bij het Onze Vader tijdens de responses niet. De eerste editie van het *Book of Common Prayer* volgt de tekst van de *King's Primer* uit 1545, hoewel sommige frasen ouder zijn. De uitdrukking 'Halwid be Ti Name' (Hallowed be Thy Name) komt al voor in de Wycliffe Bijbel uit de veertiende eeuw.

Het is boeiend om te zien welke keuzes er in 1549 ten opzichte van de *Sarum Use* gemaakt zijn. Een eerste opvallende toevoeging is de aanwijzing dat het Onze Vader 'met luide stem' opgezegd diende te worden. We zouden daaruit kunnen afleiden dat de priester met stemverheffing moest bidden, maar dat is niet de strekking. De traditie was, volgens een voorschrift in het *Sarum Breviary* (het deel van de *Sarum Rite* dat betrekking heeft op het getijdengebed), dat het Onze Vader vrijwel onhoorbaar zacht gebeden werd. Dat was naar de overtuiging van de Engelse reformatoren niet de geëigende manier. Behalve deze toegevoegde 'regieaanwijzing' zien we in de eerste editie van het *Book of Common Prayer* ook een belangrijke weglating. In het *Sarum Breviary* staat dat na het Onze Vader het Ave Maria gebeden wordt. Aan deze traditie maakt het *Book of Common Prayer* een einde. Naast de mogelijkheid het Onze Vader te spreken, kon het ook gereciteerd worden op één toon (*recto tono*). Ook de schuldbelijdenis is vermoedelijk op deze manier gereciteerd, gevolgd door een meerstemmig amen.

De plaats van de voorganger

De inkt van de eerste editie van het *Book of Common Prayer* was nog niet droog, of er kwam al kritiek op. Men had bijvoorbeeld moeite met de aanwijzing:

> *The priest beeyng in the quier shall begynne with a loude voyce the lordes prayer, called the Pater noster.*

De priester bevond zich dus nog, net als vóór de Reformatie, in het koor (*the quier*) van de kerk. Dat viel niet bij iedereen goed. Een van de zaken waar de reformatoren zich hard voor maakten, was juist het verkleinen van de afstand tussen de priester en de gemeente. Aan de hand van een eigenzinnige exegese van het verhaal over Jona in de vis liet bisschop John Hooper (ca. 1495-1555) zijn ongenoegen blijken over het feit dat sommige priesters nog afgezonderd van de mensen zaten. De opstandige profeet Jona bad tot God vanuit de buik van de vis, en daarom, zo bepleitte hij, moest de priester zich niet afzonderen van de gemeente.

Vanwege de hoog opgelopen gemoederen werd de hulp ingeroepen van een reformator van het continent, Martin Bucer (1491-1551). Bucer schaarde zich aan de zijde van critici als Hooper. Het feit dat de geestelijken gescheiden zaten van het volk noemde hij zelfs antichristelijk, en bovendien nadelig voor de verstaanbaarheid. Zijn opmerkingen waren mede aanleiding tot de tweede, substantieel gewijzigde editie van het *Book of Common Prayer* in 1552. De bewuste tekst werd gewijzigd in: 'Then shal the Minister begin the Lordes Prayer wyth a loude voyce.' De aanduiding 'in the quier' bleef dus achterwege. De reformatoren hechtten eraan dat de hele gemeente aan het begin van de viering schuld beleed. Na een oproep tot schuldbelijdenis spraken voorganger en gemeente geknield de volgende tekst: 'Almighty and most mercifull Father, we have erred and strayed from thy wayes, lyke lost sheepe...'

Bij deze tekst staat de aanwijzing dat de gemeente de belijdenis 'after the minister' uitspreekt: '... saying after me...' Vermoedelijk zei de voorganger steeds een deel voor, waarna de gemeente dit herhaalde. Een dergelijk gebruik kennen we van bijvoorbeeld huwelijksvoltrekkingen of het afleggen van een eed.

Boetepsalmen

Ook werden er, helemaal aan het begin van de matins en de evensong, enkele verzen uit boetepsalmen en andere berouwvolle teksten uit de Bijbel toegevoegd waaruit de voorganger een keuze kon maken. Er wordt wel verondersteld dat deze boeteverzen ingevoerd werden, omdat het belijden van schuld een vaste plek had in het getijdengebed van de kloosters. Enkele voorbeelden van deze verzen:

Turne thy face away from our sinnes (O Lorde)
and blotte out all our offences.

Sluit uw ogen voor mijn zonden
en doe heel mijn schuld teniet. (NBV)
(Psalm 51,11)

I will go to my father, and say to him, father I have sinned against heaven, and against thee, I am not worthy to be called thy sonne.

Ik zal opstaan en naar mijn vader gaan en tegen hem zeggen:
Vader, ik heb gezondigd tegen de hemel en tegenover u, ik ben het niet meer waard uw zoon genoemd te worden. (NBV)
(Lucas 15,18-19)

In de praktijk

Op sommige plekken in Nederland wordt de introductie met schuldbelijdenis overgenomen, elders laat men deze weg, ook op zaterdag en zondag. Volgens het *Book of Common Prayer* dient de genadeverkondiging te worden uitgesproken door de voorganger. Als er geen geordineerde voorganger is, kun je de absolutie strikt genomen dus niet laten uitspreken. Het *Book of Common Prayer* biedt hiervoor een oplossing: in dat geval wordt het collectagebed van de 21e zondag na Trinitatis gebeden:

Grant, we beseech Thee, merciful Lord,
To thy faithful people pardon and peace,
That they may be cleansed from all their sins,
And serve thee with a quiet mind;
Through Jesus Christ our Lord. AMEN.

In de Nederlandse vertaling van het *Book of Common Prayer* klinkt dit gebed zo:

Verleen, smeken wij U, barmhartige God,
aan uw gelovige volk vergiffenis en vrede,
opdat zij gereinigd mogen worden van al hun zonden
en U mogen dienen met een gerust gemoed.
Door Jezus Christus onze Heer. AMEN.

In evensongs die in protestantse kerken in Nederland worden gevierd, gebeurt het regelmatig dat de absolutie door niet-geestelijken wordt uitgesproken. Het is te overwegen om bij afwezigheid van een voorganger bovenstaand gebed te bidden in plaats van de absolutie uit te spreken.

Hieronder volgt de volledige tekst van de Introductie volgens het *Book of Common Prayer* uit 1662.

> *Dearly beloved brethren, the Scripture moveth us in sundry places to acknowledge and confess our manifold sins and wickedness; and that we should not dissemble nor cloke them before the face of Almighty God our heavenly Father;*
> *but confess them with an humble, lowly, penitent, and obedient heart; to the end that we may obtain forgiveness of the same, by his infinite goodness and mercy. And although we ought at all times humbly to acknowledge our sins before God; yet ought we most chiefly so to do, when we assemble and meet together to render thanks for the great benefits that we have received at his hands, to set forth his most worthy praise, to hear his most holy Word, and to ask those things which are requisite and necessary, as well for the body as the soul. Wherefore I pray and beseech you, as many as are here present, to accompany me with a pure heart and humble voice unto the throne of the heavenly grace, saying after me:*
>
> A general Confession to be said of the whole Congregation after the Minister, all kneeling.
> *Almighty and most merciful Father, We have erred, and strayed from thy ways like lost sheep, We have followed too much the devices and desires of our own hearts, We have offended against thy holy laws, We have left undone those things which we ought to have done, And we have done those things which we ought not to have done, And there is no health in us: But thou, O Lord, have mercy upon us miserable offenders; Spare thou them, O God, which confess their faults, Restore thou them that are penitent, According to thy promises declared unto mankind in Christ Jesu our Lord: And grant, O most merciful Father, for his sake, That we may hereafter live a godly, righteous, and sober life, To the glory of thy holy Name.*
> Amen.
>
> The Absolution or Remission of sins to be pronounced by the Priest alone, standing: the people still kneeling.
> *Almighty God, the Father of our Lord Jesus Christ, who desireth not the death of a sinner, but rather that he may turn from his wickedness, and live; and hath given power, and commandment, to his Ministers, to declare and pronounce to his people, being penitent, the Absolution and Remission of their sins:*
> *He pardoneth and absolveth all them that truly repent, and unfeignedly believe his holy Gospel. Wherefore let us beseech him to grant us true re-*

pentance, and his Holy Spirit, that those things may please him, which we do at this present; and that the rest of our life hereafter may be pure, and holy; so that at the last we may come to his eternal joy; through Jesus Christ our Lord. Amen.

(If no priest be present the person saying the Service shall read the Collect for the Twenty-First Sunday after Trinity, that person and the people still kneeling.)

Then the Minister shall kneel, and say the Lord's Prayer: the people also kneeling, and repeating it with him.
Our Father, which art in heaven, Hallowed be thy Name, Thy kingdom come, Thy will be done, in earth as it is in heaven. Give us this day our daily bread; And forgive us our trespasses, As we forgive them that trespass against us; And lead us not into temptation, But deliver us from evil. For thine is the kingdom, the power, and the glory, For ever and ever. Amen.

Then likewise he shall say,
Priest. *O Lord, open thou our lips, etc.*

16| **PRECES**/OPENINGS-GEBED

'O Lord, open Thou our lips.
And our mouth shall shew forth thy praise.'
BOOK OF COMMON PRAYER (1662)

Na de introductie, een eventueel welkom of als koor en voorgangers op hun plaats zijn aangekomen, klinkt de tekst 'O Lord, open Thou our lips', gevolgd door 'and our mouth shall shew forth thy praise'. Het gezongen openingsgebed in de choral evensong wordt *preces* genoemd, *opening responses* (zoals in de kathedraal van Rochester) of *versicles and responses* (bijvoorbeeld in de kathedraal van Salisbury).

'Preces' is het meervoud van het Latijnse woord *prex*, gebed. De preces zijn twee korte psalmverzen die in afwisseling gezongen worden. Een *versicle* is de eerste helft van het (psalm)vers. Dit wordt gereciteerd door (meestal) de precentor. De tweede helft wordt *response* (antwoord) genoemd en wordt gezongen door het koor. De tekst is ontleend aan Psalm 51,17 (in sommige vertalingen vers 15) en Psalm 70,2 en luidt volgens het *Book of Common Prayer* (1662):

	O Lord, open thou our lips.
Answer.	*And our mouth shall shew forth thy praise.*
Priest.	*O God, make speed to save us.*
Answer.	*O Lord, make haste to help us.*

Here, all standing up, the Priest shall say

Priest.	*Glory be to the Father, and to the Son: and to the Holy Ghost;*
Answer.	*As it was in the beginning,* *is now, and ever shall be:* *world without end. Amen.*

Priest.	*Praise ye the Lord.*
Answer.	*The Lord's Name be praised.*

Oude wortels

Al eeuwenlang wordt in de joodse traditie driemaal per dag een gebed uitgesproken dat bekend staat als het Achttiengebed. Dit begint met: 'Heer, open mijn lippen en laat mijn mond uw lof verkondigen.'[15] Dezelfde psalmwoorden als die waarmee de preces beginnen. Het gebed wordt staande uitgesproken met het gezicht naar Jeruzalem.

Wie wel eens in een klooster is geweest, of ergens anders een getijdenviering heeft meegemaakt, zal deze verzen herkennen. Vanaf de vroege middeleeuwen klinken ze aan het begin van de dag. Er gaat zelfs een verhaal dat monniken in de middeleeuwen, vanaf het moment dat ze wakker werden in de slaapzaal en onderweg waren naar de kapel, voortdurend het psalmvers 'O God, kom mij te hulp, Heer, haast u mij te helpen' prevelden. Aangekomen in de kapel werd dit vers afgesloten met de doxologie 'Gloria Patri et Filio'.[16] Het ontroert mij dat iedereen die de evensong zingt of meeviert, deelt in de verbondenheid met de joodse en monastieke traditie. Soms doet een van de landelijke kerken een oproep om bijvoorbeeld in de 'Week van gebed voor eenheid' hetzelfde gebed te bidden. Dat is een prachtig idee natuurlijk. Maar die wereldwijde eenheid in gebed bestaat al lang. Dag in, dag uit, alleen al in dit openingsvers!

Aanvankelijk klonk het eerste psalmvers 'Heer, open mijn lippen, mijn mond zal zingen van uw eer' alleen in de matins. Vanaf de tweede editie van het *Book of Common Prayer* wordt dit vers ook in de evensong gezongen. De orden voor matins en choral evensong worden dan grotendeels gelijkgetrokken. Voor wie vertrouwd is met monastieke liturgie kan het verwarrend zijn om 's avonds nogmaals 'Heer, open onze lippen' te zingen.

Tekstuele wijzigingen

De tekst van de preces in de evensong heeft een interessante ontwikkeling doorgemaakt. In de eerste editie van het *Book of Common Prayer* hielden de ontwerpers zich nog vrij nauwkeurig aan het monastieke model, de teksten werden zo getrouw mogelijk uit het Latijn vertaald:

Then lykewyse he shall say

	O Lorde, open thou my lyppes.
Answer.	*And my mouthe shall shewe forth thy prayse.*
Priest.	*O God, make spede to save me.*

15 Van der Sluis, Tomson, Van Uden en Whitlau, *Elke morgen nieuw*.

16 Francis Procter & Walter Howard Frere, *A new history of the Book of Common Prayer. With a Rationale of its offices*, New York, 1958, 375.

Answer. *O Lord, make haste to help me.*
Priest. *Glory be to the father, and to the sonne, and to the holye ghost. As it was in the begynning, is now, and ever shalbe world without ende. Amen.*
Prayse ye the Lorde.
And from Easter to Trinitie Sondaye
Alleluya.

Veranderingen in de tweede editie (1552)

1. In de tweede editie van het *Book of Common Prayer* worden de orden voor morning prayer en evening prayer dus grotendeels gelijk getrokken. Het openingsvers uit Psalm 51 wordt daarmee ook voorgeschreven als openingsvers voor de evensong.
2. Het enkelvoud wordt vervangen door het meervoud. '*My* lyppes', make spede to save *me*', wordt veranderd in '*our* lips', 'make speed to save *us*' etc. Deze enkelvoudsvorm is afkomstig uit de psalmverzen en werd ook gebruikt in de getijdenvieringen voor de Reformatie. Na de sluiting van de kloosters wilden de makers van de tweede editie van het *Book of Common Prayer* vermoedelijk het gemeenschappelijke karakter van de liturgie onderstrepen en pasten ze de persoonsvorm aan. Deze aanpassing is gehandhaafd in de volgende edities en wordt tot op de dag van vandaag zo gezongen.
3. 'Praise ye the Lord' blijft staan, maar 'Alleluya' wordt weggelaten. Waarom dit zo is, is niet helemaal duidelijk. De meest voor de hand liggende verklaring is dat de samenstellers van het *Book of Common Prayer* uit 1552 het 'Alleluya' als een verdubbeling hebben opgevat van 'Praise ye the Lord', en het daarom overbodig achtten.[17] Het is ook mogelijk dat de weglating te wijten is aan een ingreep van de drukker. Waar in de katholieke traditie van de vespers het 'Halleluja' in de Veertigdagentijd komt te vervallen, blijft de Engelse vertaling 'Praise ye the Lord' vanaf dan in de evensong gehandhaafd, tot op de dag van vandaag. Het onvertaalde 'Alleluya' werd overigens alleen van Pasen tot en met Trinitatis gezongen, zoals het eerste *Book of Common Prayer* vermeldt.

Veranderingen in de vierde editie (1662)

In de vierde editie van het *Book of Common Prayer* (1662) vinden we nog enkele andere opvallende wijzigingen in de tekst van de preces:

17 E.C. Ratcliff, 'The Choir Offices', in: W.K. Lowther Clarke, D.D. and Charles Harris, D.D., *Liturgy and Worship. A Companion to the Prayer Books of the Anglican Communion*, Londen, 1959, 257-259, 271.

1. De aanwijzing *Here all standing up* voor de doxologie is nieuw toegevoegd. De psalmverzen worden geknield gebeden.
2. De doxologie wordt niet meer door de priester alleen gezongen, maar in afwisseling tussen priester en koor. De oorspronkelijke keuze (uit 1549) om de doxologie door de priester te laten zingen was opmerkelijk, want in de kloosters werd en wordt de doxologie juist door allen gezongen. Hierin weken de reformatoren in Engeland dus af van de monastieke traditie. Nu is er sprake van een tussenvorm: de priester zingt de eerste regel en het koor antwoordt.
3. Vanwege de voortzetting van de dialoogvorm moest er aan de zin 'Praise ye the Lord' een zinnetje toegevoegd worden. Deze afsluitende zin – 'The Lord's Name be praised' – werd gevonden in het *Scottish Book of Common Prayer* (1637).

Muzikale zettingen

John Merbecke (1510-1585) publiceerde in 1550 zijn eenstemmige, op het gregoriaans gebaseerde *Book of Common Prayer Noted*. Thomas Tallis schreef kort daarop een meerstemmige versie van de preces en responses. Tallis baseerde zijn compositie op de principes van John Merbecke, een geharmoniseerde gregoriaanse formule. Latere versies zijn gecomponeerd door onder anderen William Byrd (1543-1623), Richard Ayleward (1626-1669), Watkins Shaw (1911-1996), Bernard Rose (1916-1996) en Michael Walsh (*1949). Wie een toonzetting van vóór 1662 zingt, moet erop bedacht zijn dat de afsluiting 'The Lord's Name be praised' ontbreekt, tenzij een latere editeur hiervoor een oplossing heeft bedacht.

De preces zijn doorgaans sober en syllabisch getoonzet. Als voorbeeld laat ik een gedeelte van de toonzetting van William Byrd zien.

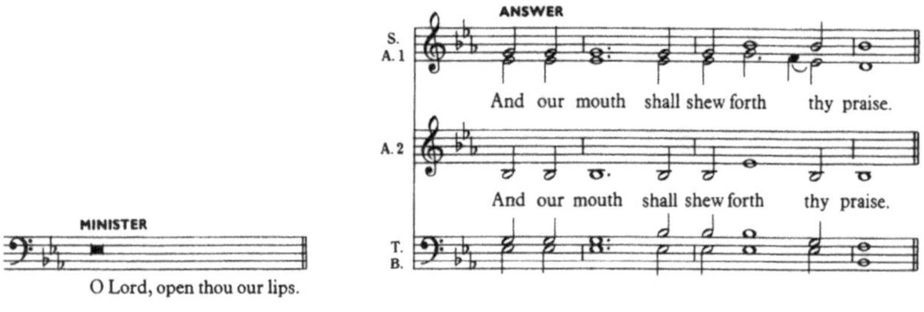

Preces en responses van William Byrd.

In de praktijk

In Nederland wordt vaak de tekst uit het *Book of Common Prayer* aangehouden. De aanwijzing dat allen knielen wordt echter niet overgenomen. Meestal staan het koor en alle aanwezigen. Sytze de Vries maakte een Nederlandse vertaling van de preces en responses die zowel getoonzet zijn door Christiaan Winter (*De Amsterdamse Katernen* 25) als Daniel Rouwkema (*Liedboek* 191). Opvallend is dat De Vries de persoonsvorm weer heeft terugvertaald naar het enkelvoud, zoals het ook in de psalmen staat: 'Heer, open *mijn* lippen – *mijn* mond zal zingen van uw eer.' 'Alleluya' ('Praise ye the Lord') vertaalde hij met 'Zegen de Heer'. Je kunt je afvragen of 'Prijs de Heer' niet een betere vertaling van 'Halleluja!' was geweest, maar dit heeft een lettergreep minder dan het Engels en een minder mooie cadans.

In *Het Boek der Psalmen* en het *Oud-Katholiek Gezangboek* is de toonzetting van Thomas Tallis opgenomen in een vertaling van Koenraad Ouwens. De preces en responses in de officiële Nederlandse vertaling van het *Book of Common Prayer* zijn bij mijn weten niet getoonzet.

In Nederland bestaat er soms onduidelijkheid over de vraag: wie verzorgt de voorzang? Koren kiezen er vaak voor om de rol van precentor door een solist uit het koor te laten innemen. De reden kan zijn dat er geen voorganger in de evensong is, of dat de voorganger geen zangervaring heeft. In protestants Nederland bestaat de functie van precentor niet. Het zou te overwegen zijn, zeker in contexten waar regelmatig gezongen liturgie is, een precentor aan te stellen.

Soms levert het voor Nederlandse koren die in Engeland zijn enige verwarring op als de precentor een vrouw is. Als de noten genoteerd staan in de bassleutel, dan zijn ze toch voor een man bedoeld? Hier spelen veranderende tradities een rol. De componisten hebben de versicles geschreven voor de voorganger, en dat was eeuwenlang een man. Sinds 1994 zijn er in de anglicaanse kerk ook vrouwelijke voorgangers, en kunnen zij de rol van precentor op zich nemen. Sommige Nederlandse koren vinden dat niet authentiek. Maar wat is authentiek? Gaat het om het volgen van de richtlijnen van de anglicaanse kerk en het laten prevaleren van de liturgische rolverdeling, of om de opvatting dat de voorzang door een man moet worden gedaan omdat de componist de noten voor een man heeft geschreven? Daarbij zij opgemerkt dat als je de beginselen van een authentieke uitvoering consequent doortrekt, een groot deel van de anglicaanse (en katholieke en lutherse) kerkmuziek niet meer gezongen kan worden door koren met vrouwelijke zangers.

De toonzetting van de preces in het *Liedboek* (191) kan gezongen worden door voorganger (of cantor) en meerstemmig koor, maar ook een rolverdeling tussen voorganger (cantor) en allen is mogelijk.

'Mijn vader ging altijd naar evensongs als hij de kans kreeg, zeker in kathedraalsteden, en omdat ik sterk door hem ben beïnvloed – intellectueel, esthetisch, religieus – heb ik ook die eigenaardigheid van hem overgenomen (ik ben trouwens onder meer om die reden lid geworden van de Church of England). Ermee gepaard ging zijn grote liefde voor George Herbert, T.S. Eliot, Charles Williams en W.H. Auden, waarmee hij mij evenzeer heeft besmet – ach, als ik hierover begin, ontvouwt zich in de diepte van mijn geheugen het gehele panorama van mijn jeugd… Ik zeg panorama, maar bedoel natuurlijk zo'n Engels Hobbitlandschap.'

BENNO BARNARD

17 | DOXOLOGY/ LOFPRIJZING

'Liever in saecula saeculorum, wat wij uit de Engelse liturgie kennen als world without end.'

WILLEM BARNARD[18]

Een tekst die in de choral evensong meerdere malen klinkt, is de doxologie (lofprijzing). In de vertaling van het *Book of Common Prayer* luidt deze zo:

Glory be to the Father, and to the Son;
and to the Holy Ghost;
As it was in the beginning is now and ever shall be:
world without end. Amen.

De doxologie wordt gezongen aan het eind van de preces, de psalm, het Magnificat, het Nunc dimittis, soms aan het eind van de anthem en dikwijls ook (in berijmde vorm) in de slotstrofe van de hymns. Het is een trinitarische lofprijzing, dat wil zeggen gericht op de Triniteit, de Drie-eenheid: Vader, Zoon en heilige Geest. In Nederland is de doxologie ook wel bekend als 'Klein Gloria'. Deze aanduiding is onder meer gebruikt in de *Hervormde Bundel* (1938). De tekst luidt:

Ere zij de Vader en de Zoon
en de heilige Geest,
als in den beginne, nu en immer,
en van eeuwigheid tot eeuwigheid. Amen.

Wat betekent doxologie?

Het woord 'doxologie' komt uit het Grieks en is samengesteld uit de woorden *doxa* en *logos*. Het *Liturgisch Woordenboek* omschrijft 'doxa' als 'heerlijkheid Gods, voortkomend uit zijn macht en heiligheid'.[19] En 'logos' wordt in dit verband vertaald met 'uitspraak, lofprijzing'. Doxologie is dus de lofprijzing van Gods heerlijkheid. De Latijnse vertaling

18 Willem Barnard, *Orthodox of niks, Notities en overpeinzingen*, Zoetermeer, 2008, 26.
19 L. Brinkhoff e.a. (red.), *Liturgisch Woordenboek (I)*, Roermond en Maaseik, 1958-1961, 615.

van 'doxa' is 'gloria'. Het Latijnse 'Klein Gloria' begint als volgt: 'Gloria Patri et Filio, et Spiritui Sancto...'

Waarom een doxologie?

De 150 psalmen zijn ingedeeld in vijf boeken. Ieder boek sluit af met een lofprijzing. Zo luidt het slotvers van Psalm 41, de laatste psalm van het eerste boek:

> Geprezen zij de Heer, de God van Israël,
> van eeuwigheid tot eeuwigheid.
> Amen, amen.

In de Vroege Kerk ontwikkelde zich het gebruik om aan de psalmen een christelijke, trinitarische doxologie toe te voegen. De tekst hiervan heeft in de loop van de tijd enkele veranderingen doorgemaakt. Zo werd in de periode van hevige debatten over de goddelijke en/of menselijke natuur van Christus en het wezen van de Drie-eenheid, in de vierde en vijfde eeuw, de volgende tekst toegevoegd: 'Beata Trinitas, unus Deus' (Zalige Drie-eenheid, één God). Deze toevoeging is later weer geschrapt.

Een tweede wijziging is taalkundig van aard, waardoor ook de betekenis is veranderd. Het oorspronkelijke '*van* de Vader *door* de Zoon en *in de kracht van* de heilige Geest' werd veranderd in 'Eer aan de Vader *en* de Zoon *en* de heilige Geest'. Hiermee wilde de kerk benadrukken dat de Drie één van wezen zijn. De arianen ontkenden de godheid van Jezus, terwijl deze voor de christelijke kerk steeds meer betekenis kreeg. Deze formulering sluit nauw aan bij Matteüs 28,19, waar Jezus zijn leerlingen opdraagt de volken te dopen 'in de naam van de Vader en de Zoon en de heilige Geest'.

De toevoeging 'Sicut erat in principio et nunc et semper et in saecula saeculorum. Amen', ('Zoals het was in het begin en nu en altijd en in de eeuwen der eeuwen. Amen'), ten slotte, is van later datum. Ook hiervoor geldt dat zij anti-ketters bedoeld was. Sommigen beweerden namelijk dat de Zoon van God niet altijd met de Vader was geweest, maar slechts 'ad tempore', tijdelijk. Om dit idee tegen te gaan, werd in de zesde eeuw de toevoeging 'zoals het was in het begin...' verplicht gesteld. Met de Engelse vertaling is iets moois aan de hand. De tijdsaanduiding 'in de eeuwen der eeuwen' is in het *Book of Common Prayer* ruimtelijk geïnterpreteerd: 'world without end'.

In *De Institutis Coenobiorum* van Johannes Cassianus (360-430/435) staat vermeld dat alle aanwezigen als met één stem de doxologie zongen. Ook

Karel de Grote verordende dat de doxologie door het hele volk gezongen moest worden. In de eerste editie van het *Book of Common Prayer* is gebroken met dit principe. Daar staat de aanwijzing dat de priester de doxologie aan het einde van de preces moest spreken of zingen. In de editie uit 1662 zingt de precentor de doxologie in beurtzang met het koor.

In de praktijk

Soms wordt de vraag gesteld of de doxologie komt te vervallen in de Advent en Veertigdagentijd. Dit is niet het geval, de doxologie wordt altijd gezongen. Het 'Klein Gloria' wordt dan verward met het 'Groot Gloria', het ordinariumdeel uit de mis. Dit komt wel te vervallen in de Advent en Veertigdagentijd.

Behalve de al genoemde vertaling in de *Hervormde Bundel* zijn er verschillende Nederlandse varianten in omloop. In het *Oud-Katholiek Gezangboek* vinden we deze:

Aan de Vader en de Zoon zij glorie,
de heilige Geest gelijke ere.
Zoals het was in het begin, zo nu en altijd
en in de eeuwen der eeuwen. Amen.

In *De stem van David*[20] vertaalt Pieter Oussoren als volgt:

Glorie aan de Vader en de Zoon
en de adem van de Geest.
Als in den beginne, zo nu en altijd
tot in Gods Koninkrijk. Amen!

Heel mijn ziel[21] geeft, naast de vertaling uit de *Hervormde Bundel*, de volgende versies:

Glorie aan de Vader en de Zoon
en de heilige Geest.
Zoals het was in het begin, en nu en altijd
en in de eeuwen der eeuwen. Amen.

---

20 *De stem van David. De psalmen vertaald en bewerkt voor studie, meditatie en gebed en om te zingen in kloosterlijke koorstijl* vertaald door Pieter Oussoren in samenwerking met Gert Oost, Voorburg, 1989.
21 Nico Vlaming en Christiaan Winter, *Heel mijn ziel. Nieuwe psalmen voor kerk en koor*, Zoetermeer, 2012.

Eer aan de Vader door de Zoon
in de heilige Geest.
Zoals het was in het begin, zo zij het nu en altijd
en in de eeuwen der eeuwen. Amen.

Eer zij de heerlijkheid Gods
Vader, Zoon en heilige Geest.
Zo was het in den beginne, zo zij het thans en voor immer,
tot in de eeuwen der eeuwen. Amen.

Handelingen tijdens de doxologie

In Engeland is het in het algemeen gebruikelijk om te gaan staan tijdens de doxologie, net als in de kloosterpraktijk. Bij het begin ervan, tot en met de woorden 'and to the Holy Ghost', maken de voorgangers en eventueel aanwezige andere geestelijken een lichte buiging met het hoofd. 'Waarom zoveel staan?' verzuchten mensen soms. De intentie is dat je niet alleen met je hoofd en hart, maar met je hele lichaam instemt met de lofprijzing aan God. Mijn eigen ervaring is dat dit lichamelijke aspect iets met je doet. Je voelt je meer betrokken bij wat er gezongen wordt en het versterkt de gezamenlijkheid, omdat je met elkaar dezelfde beweging maakt.

18 | PSALMS/PSALMEN

'De psalmen zijn van oudsher de mooiste gebeden, die aan de mensen gegeven zijn om hun verhouding tot God uit te drukken in de meest verscheidene omstandigheden van hun leven.'

LAMBERT LEIJSSEN, HOOGLERAAR LITURGIE IN LEUVEN[22]

De psalmen hebben altijd een belangrijke rol gespeeld in de christelijke traditie, niet in de laatste plaats in het dagelijks gebed. In protestants Nederland wordt bij de psalmen al gauw gedacht aan het Geneefse psalter, de psalmberijming waartoe Johannes Calvijn de opdracht gaf. Deze strofepsalmen op rijm zijn diep verankerd in de Nederlandse calvinistische traditie. In de getijden echter worden de psalmen onberijmd gezongen, in een vertaling die dicht bij de grondtekst staat. En in Engeland gebeurt dat op een karakteristieke manier: als chant. Deze vorm ontstond in de zeventiende eeuw vanuit de gregoriaanse psalmtonen. In Nederland zijn veel mensen in de jaren 1960 en '70 met deze bijzondere manier van psalmzingen in aanraking gekomen door de langspeelplaten *The Psalms of David*, opgenomen door het koor van King's College Cambridge. Later zijn deze platen op cd uitgebracht.

Wat zijn de psalmen?

De honderdvijftig psalmen staan in het gelijknamige bijbelboek in het Oude Testament. Het woord 'psalm' is afgeleid van het Griekse woord *psallein*, dat 'tokkelen' betekent. Een psalm is een spreekgezang (recitatief) met snaarbegeleiding. Een groot deel van de psalmen wordt toegeschreven aan David, maar er zijn meerdere auteurs. Sommige psalmteksten zijn al zo'n drieduizend jaar oud. De psalmen bestaan bijna geheel uit verzen van twee regels, soms drie of vier. Een veelgebruikte stijlfiguur is het parallellisme, een herhaling in min of meer dezelfde bewoordingen. Een voorbeeld uit Psalm 70, het openingsvers van de getijden:

God, kom mij te hulp,
Heer, haast U mij te helpen.

---

22 L. Leijssen (red.), *De Psalmen. Gebeden van de mensheid, gebeden van Israël, gebeden van de Kerk*. Verslagboek van het negende liturgiecolloquium van het Liturgisch Instituut van de Katholieke Universiteit te Leuven (= Nikè Reeks 25), Leuven/Amersfoort, 1998, 7.

Psalmen muzikaal

De joodse traditie kent drie manieren van psalmzingen: solistisch door de *chazan* (voorzanger), responsoriaal (gezongen door de chazan waarbij het volk antwoordt met een refrein) en alternerend (twee koorhelften of groepen wisselen elkaar af). De Vroege Kerk nam, met het zingen van de psalmen, ook deze vormen van psalmzang over uit de joodse traditie. Welke vorm gebruikt werd, hing (en hangt) af van de plaats van de psalm in de liturgie en de soort viering (eucharistie of getijdengebed). In de eucharistieviering kregen vooral de eerste twee vormen een plaats. De alternerende psalmodie werd kenmerkend voor het getijdengebed. Hierbij worden de psalmen eenstemmig gereciteerd op een psalmtoon, afwisselend door twee groepen tegenover elkaar, en omlijst door een antifoon. De tekst van de antifoon (het keervers) kan afkomstig zijn uit de psalm zelf of een ander bijbelgedeelte. In deze tekst wordt de thematiek van een bepaalde zon- of feestdag benadrukt. De psalm wordt afgesloten met de doxologie 'Gloria Patri et Filio', 'Eer aan de Vader en de Zoon', ook bekend als 'Klein Gloria' (zie het hoofdstuk hiervoor).

In de Engelse Reformatie wordt het reciteren van de psalmen voortgezet, maar met enkele belangrijke verschillen. Ik noem de vier opvallendste. Voortaan klinken de psalmen niet meer in het Latijn, maar in de volkstaal, het Engels. Ook wordt de structuur vereenvoudigd: de antifoon komt te vervallen. De doxologie blijft wel gehandhaafd, voortaan ook in het Engels: 'Glory be to the Father...' Daarbij gaat men staan, net als in de kloosters. Verder wordt er een nieuw rooster gemaakt, waarin de 150 psalmen niet meer verdeeld worden over een week, maar over een maand. In eerste instantie werd in dit rooster geen rekening gehouden met het kerkelijk jaar, maar daar komt men later van terug. Ten slotte wordt in de loop van de zestiende eeuw de eenstemmigheid vervangen door harmonie.

Engelse chant

Het zingen van de psalmen als chant is diep verankerd in de anglicaanse traditie. Een chant is een harmonische formule die ieder vers of iedere twee verzen herhaald wordt. Een aardige anekdote is dat Antonin Dvořák (1841-1904) tijdens zijn eerste bezoek aan Engeland St Paul's Cathedral bezocht, daar een chant hoorde en vroeg: 'Why do they sing such a funny tune over and over again?' John Scott, die naar dit voorval verwijst in het voorwoord van *The Anglican Psalter*, noemt de chant een miniatuur en 'a challenge for any composer to imprint a characteristic stamp on the form'. Hij noemt de chant 'a vehicle for the psalm text', een voertuig voor de psalmtekst. De muzikale herhaling kan een meditatieve werking hebben.

De psalmchant is ontwikkeld aan het einde van de zeventiende eeuw en het begin van de achttiende eeuw, maar de wortels ervan liggen in de klassieke psalmtonen. De ontwikkeling van de chant is in drie fasen verlopen:

1. De unisono gregoriaanse melodie (psalmtoon, formule).
2. Dezelfde melodie, meestal in de tenor, met meerdere toegevoegde stemmen.
3. De gregoriaanse melodie vervangen door een vrije compositie volgens een gefixeerd patroon.

De eerste fase is het unisono zingen van eenvoudige gregoriaanse psalmtonen. De tweede fase kan goed geïllustreerd worden aan de hand van het werk van Thomas Tallis. Hij harmoniseerde de psalmtonen vijfstemmig en liet de oorspronkelijke melodie in de tenor staan. In 1641 publiceerde John Barnard *The First Book of Selected Church Musick*, een bloemlezing met onder meer geharmoniseerde psalmtonen. Dit lijkt ook tijdens de Restoration (1660-1700) nog in gebruik te zijn geweest. Er zijn namelijk dergelijke 'chants' opgenomen in anthologieën als *The Divine Services and Anthems* (1663) van James Clifford, die bij veel kathedralen en koren in gebruik was.

De derde fase van de ontwikkeling van de chant begon in de loop van de zeventiende eeuw. De oorspronkelijke psalmtonen werden steeds meer losgelaten en vervangen door vrije composities volgens een vast patroon. De oudste vorm hiervan is de vijfstemmige *single chant*. Hierop kan een enkel psalmvers (bestaande uit twee versregels) gezongen geworden. In de achttiende eeuw worden de chants tweemaal zo lang en vrijwel altijd vierstemmig geharmoniseerd, de zogenaamde *double chants*. Het klassieke patroon hiervan volgt de tweedelige structuur van het psalmvers en bestaat eveneens uit twee delen. Het eerste deel begint met een reciteertoon en een opeenvolging van drie akkoorden die een cadens vormen. Daarna volgt een nieuwe reciteertoon, waarna een opeenvolging van vijf akkoorden leidt naar het halfslot, bijvoorbeeld op de dominant. In de tweede helft wordt dit procedé herhaald, maar dan uiteraard met andere akkoorden en zodanig dat in het slotakkoord de grondtoon weer bereikt wordt. Schematisch ziet dit er als volgt uit:

Eerste helft: reciteertoon + drie akkoorden; reciteertoon + vijf akkoorden.
Tweede helft: reciteertoon + drie akkoorden; reciteertoon + vijf akkoorden.

O HOW amiable ' are thy ' dwellings : thou ' Lord ' of ' hosts!
2 My soul hath a desire and longing, to enter into the ' courts of the ' Lord : my heart and my flesh rejoice ' in the ' living ' God.

De chant bij Psalm 84 van Charles H.H. Parry.

Naast de single en double chants bestaan er ook *quadruple chants*. Deze zijn tweemaal zo lang als de double chant en kunnen gebruikt worden bij psalmen met een groot aantal verzen, om al te veel herhaling te voorkomen. In de praktijk gebeurt het echter vaker dat in zo'n geval de psalm op twee of meer verschillende chants wordt gezongen. Je kunt dan bijvoorbeeld afwisselen tussen een mineur- en een majeurchant, maar ook andere combinaties zijn mogelijk.

Vanaf de late negentiende eeuw worden er psalters met *pointing* gepubliceerd, edities met tekens in de tekst die aangeven waar van akkoord gewisseld moet worden. Een invloedrijk model was het *Cathedral Psalter* uit 1875. Dit Psalter werd opgevolgd door het *Parish Psalter* (1928) en het *Oxford Psalter* (1929).

In de praktijk

De psalmen bezingen alle aspecten van het (geloofs)leven: vertrouwen, hoop en vreugde, maar ook angst, verdriet, woede en de roep om wraak. Mijn ervaring in de Utrechtse Choral Evensong & Pub is dat de psalmen soms heftige vragen kunnen oproepen. Waar in de kerkdienst op zondagmorgen vaak vooral de biddende, hoopvolle en lofprijzende verzen gezongen worden, klinken in de evensongs meestal de volledige psalmen, inclusief de soms ongemakkelijke verzen. Iemand vroeg me na afloop eens: 'Hoe kun je zulke teksten laten zingen in een tijd waarin daadwerkelijk mensen met het zwaard onthoofd worden vanwege hun geloof?' Er ontstond een indringend gesprek over de zeggingskracht van deze eeuwenoude teksten. Wie zijn de vijanden in de psalmen? Zo ontstond het plan voor het opstarten van een leerhuis over psalmen.

Zingen, spelen en dirigeren

Hoe zing, dirigeer en begeleid je een chant? Deze vragen stonden centraal tijdens een masterclass door Peter Holder, organist van Westminster Abbey, voor de studenten van de kerkmuziekafdeling van het Rotterdams Conservatorium. Het was een buitengewoon inspirerende middag, waarin de psalmen werkelijk tot leven kwamen. Tekstexpressie en exegese gingen hand in hand. Er is niet één manier of één standaardpraktijk van chant-zingen. Wel zijn er enkele vuistregels. Als leidraad geef ik twee tips door die Peter Holder aan de studenten gaf, met de kanttekening dat je het zingen van een chant alleen in de praktijk kunt leren. Allereerst is het belangrijk om de chantzetting 'by heart', zoals dat in het Engels zo mooi heet, te leren. Je kunt de chant op 'noe' zingen of op afwisselende klinkers en dat een aantal keer herhalen. Het is altijd de uitdaging om muzikaal te zingen. Waar gaat de melodie naartoe? Wat is het harmonisch verloop? De volgende stap is het gelijktijdig sprekend zingen van de tekst. Het is belangrijk om het reciterende karakter voor ogen te houden. Zing de tekst sprekend, of spreek de tekst zingend.

In de tekst van *pointed* psalters staan horizontale streepjes of apostrofs ('). Deze tekens corresponderen met de maatstrepen in de muziek. Als er twee noten staan, wissel je in principe op de laatste lettergreep. Als er een asterisk (*) in de tekst staat, wissel je daar. De eerste regel van de psalmtekst correspondeert met de eerste drie maten van de chant, tot de eerste dubbele streep. In Engeland zingt de ene koorhelft de eerste twee regels en de andere koorhelft de laatste twee. Soms zingen de koorhelften samen, als aanwijzing staat er dan *Full*. Ook kan er worden afgewisseld tussen solostemmen of stemgroepen. De organist heeft een grote vrijheid bij het begeleiden van de chant, waarbij hij of zij de dynamische verschillen van het koor kan uitvergroten. Hij kan het orgel laten grommen met een gesloten *Full Swell*, of heel subtiel een bovenstem toevoegen met een zachte fluit.

De kracht van het chanten van een psalm ligt in de expressiviteit. Door dynamiek, een krachtig forte of een verstild piano, crescendo's en decrescendo's, kleuren zangers en organisten als het ware de tekst. Wie de psalmen in het Engels wil zingen, kan het eerder genoemde *Parish Psalter* aanschaffen, of bijvoorbeeld het Psalter van St Paul's Cathedral of het *Lincoln Psalter*. Nederlandse chantboeken zijn bijvoorbeeld *Heel mijn ziel*[23] en *Het Boek der Psalmen*[24].

---

23 Vlaming en Winter, *Heel mijn ziel*.

24 Koenraad Ouwens, *Het Boek der Psalmen in de Nederlandse vertaling door Koenraad Ouwens. Voorzien van melodieën uit de traditie van de Anglican Chant*, Sliedrecht, 2000.

19 | LESSONS/LEZINGEN

'Dat de kerk de Bijbel leest in het openbaar, definieert haar in hoge mate als luisterend.'

ROWAN WILLIAMS[25]

Er zijn in de choral evensong twee schriftlezingen, een uit het Oude en een uit het Nieuwe Testament. Terwijl de psalm of het Magnificat nog gezongen wordt, haalt de verger de voorganger op en geleidt hem of haar naar de lezenaar. Er is een grote kans dat u bij een bezoek aan een anglicaanse kerk een zogenaamde arendlezenaar aantreft, een lezenaar in de vorm van een adelaar. De adelaar is in de christelijke traditie het symbool van de evangelist Johannes. Het evangelie volgens Johannes begint met: 'In het begin was het Woord.'

In het eerste *Book of Common Prayer* (1549) lezen we de aanwijzing dat de lezing met luide stem en staande gelezen dient te worden, zodat de mensen deze goed kunnen verstaan:

> *The ministre that readeth the lesson, standing and turnyng hym so as he maye beste be hearde of all suche as be present.*

Ook zijn de aanhef en de afsluiting van de lezing voorgeschreven:

> *The fyrste, seconde, iii. or iiii. Chapter of Genesis, or Exodus, Matthewe, Marke, or other lyke as is appoynted in the Kalender. And in the ende of every Chapter, he shall saye. Here endeth suche a Chapter of suche a booke.*

Een opvallende aanwijzing is dat de lezingen ook op een reciteertoon gezongen kunnen worden:

> *And (to thende the people may the better heare) in such places where they doe syng, there shall the lessons be songe in a playne tune after the maner of distincte readyng: and lykewyse the Epistle and Gospell.*

Deze aanwijzing is in 1662 weggelaten. Het is wat mij betreft de moeite waard om de praktijk van gezongen lezingen in Nederlandse evensongs te overwegen.

---

25 Rowan Williams, *Wat is heilig? Christendom voor mensen van vandaag*, Heeswijk-Dinther, 2018, 38.

Arendlezenaar in York Minster. (Foto: Hanna Rijken)

De aanhef en afsluiting zijn in 1662 iets veranderd. Ze luiden sindsdien:

> *Here beginneth such a Chapter, or Verse of such a Chapter, of such a Book: And after every Lesson, Here endeth the First, or the Second Lesson.*

Leesroosters

Het uitgangspunt van de samenstellers van het *Book of Common Prayer* was om in een jaar tijd zo goed als de hele Bijbel te lezen. Thomas Cranmer ontwierp hiertoe een rooster waarin de lezingen verdeeld werden over de matins en evensongs. De eerste lezing in beide vieringen was uit het Oude Testament. In de tweede lezing kwamen 's ochtends de evangeliën aan de orde en in de evensong de brieven en het boek Handelingen. Op enkele boeken na werd het Oude Testament in een jaar tijd in zijn geheel gelezen en het Nieuwe Testament zelfs driemaal. De apocriefe boeken maakten ook deel uit van de lezingen uit het Oude Testament, die stonden in het najaar op het rooster. Uit Openbaring werd alleen op bepaalde feestdagen, zoals Allerheiligen, gelezen. Het rooster uit het *Book of Common Prayer* volgde het kalenderjaar, niet het kerkelijk jaar. In januari begon men bij Genesis 1, Matteüs 1 en Romeinen 1, en zo verder.

Het rooster had, de intentie om de Bijbel zo volledig mogelijk te lezen ten spijt, een aantal nadelen. Zo waren de lezingen wel erg lang, een heel hoofdstuk per keer, en werd er nauwelijks rekening gehouden met het kerkelijk jaar. Ook was de spreiding van de lezingen uit het Nieuwe Testament over het ochtend- en avondgebed niet ideaal. Wie bijvoorbeeld alleen de evensongs bezocht en niet de matins, hoorde nooit een lezing uit de evangeliën. Om deze redenen werd het rooster in 1871 vervangen door het *Revised Common Lectionary*. Hierin werd meer recht gedaan aan het kerkelijk jaar. Het nieuwe leesrooster begon niet op 1 januari, maar op de eerste zondag van de Advent. Ook werden de lezingen ingekort en werden de evangelie- en brieflezingen gelijkmatiger verdeeld over de matins en evensongs. Als er 's ochtends uit het evangelie gelezen werd, klonk 's avonds een epistellezing en andersom.

In 1922 verscheen wederom een vernieuwd leesrooster, de *Revised Tables of Lessons Measure*. Dit werd een geautoriseerd (dat wil zeggen: door het parlement goedgekeurd) alternatief voor het *Revised Common Lectionary* uit 1871. Voorgangers waren vrij in hun keuze tussen het rooster uit 1871 of 1922, maar werden wel geacht zich daar dan voor minstens een jaar aan te houden. De *Revised Tables of Lessons Measure* gaat terug op voor-reformatorische tijden en volgt het kerkelijk jaar op de voet.

In 1980 verscheen het *Alternative Service Book* (ABS). Dit was, zoals de naam al doet vermoeden, bedoeld als alternatief voor het *Book of Common Prayer* en het leesrooster uit 1871/1922. De teksten waren in modern Engels. Voor het eerst kon God binnen de anglicaanse liturgie aangesproken worden met *You* in plaats van *Thou*. Het ABS heeft dienst gedaan tot 2000. Met ingang van de eerste adventszondag van dat jaar werd het vervangen door *Common Worship*. Ook dit is bedoeld als alternatief voor het *Book of Common Prayer*, dat nog altijd het officiële dienstboek is van de anglicaanse kerk. *Common Worship* bestaat uit meerdere delen en is ook te raadplegen op de website van de Church of England. Een van de delen van *Common Worship* is getiteld *Daily Prayer*. Hierin zijn onder meer orden te vinden voor ochtendgebeden, avondgebeden en nachtgebeden (completen), voor elke dag van de week en voor de verschillende periodes van het kerkelijk jaar.

In de praktijk

Wie in Nederland een choral evensong voorbereidt, komt onherroepelijk voor de vraag te staan: welke lezingen kiezen we? Het eenvoudige antwoord is: dezelfde als in Engeland, dus die uit het *Book of Common Prayer* of *Common Worship*. Het gebruik van deze leesroosters vraagt echter in sommige gevallen om aanpassingen voor de Nederlandse praktijk. Als je één keer per week of nog minder vaak een evensong houdt, is het onvermijdelijk dat er hiaten in het leesrooster ontstaan. Ik illustreer dit aan de hand van een voorbeeld uit de praktijk van Evensong & Pub. Tijdens de veertigdagentijd stonden lezingen uit Exodus op het rooster. Bij aanvang van de voorjaarsserie met evensongs waren de tien plagen van Egypte aan de beurt. Op donderdag, toen wij onze eerste evensong hielden, stond de vierde plaag op het rooster en een week later de tiende. Dit riep bij ons de vraag op of we in dit geval niet beter andere lezingen konden kiezen. Je zou de mensen kunnen vragen om thuis de tussenliggende perikopen te lezen, maar een erg bevredigende oplossing is dit niet. Nog een voorbeeld. Eveneens in de veertigdagentijd werd uit het boek Klaagliederen gelezen. Precies voor de evensong op donderdag stond een nogal gruwelijk gedeelte op het rooster, over ouders die hun eigen kinderen opeten. We zijn toen uitgeweken naar de lezingen van het ochtendgebed van die dag.

Ik besprak deze kwestie na afloop van een evensong in de kathedraal van Canterbury met een van de voorgangers. Hij adviseerde om in ons geval het *Pillar Lectionary* te volgen. Dit leesrooster maakt deel uit van *Common Worship* en is ontworpen voor gemeenschappen die niet dagelijks samenkomen. Dat heeft echter weer als nadeel dat het gebaseerd is op de zondagse lezingen. Mensen die 's zondags ook naar de kerk gaan, horen de lezingen dan dus tweemaal. Een andere mogelijkheid is om in enkele inleidende zinnen, *introduction sentences*, aan te geven waar de lezing over gaat en wat eraan voorafging. Dit zou in het geval van de tien plagen een goede oplossing zijn geweest.

Een ander punt is het volgende. Een significante groep mensen bezoekt buiten de evensongs nauwelijks of geen kerkdiensten. Je kunt je afvragen of het volgen van een leesrooster dat uitgaat van een doorgaande lezing het meest geschikt is voor mensen die zelden uit de Bijbel horen. Maar ook het selecteren van bijbelpassages is een heikel punt. Hoe bepaal je welke delen wel of niet geschikt zijn?

Een volgende vraag doet zich voor bij interkerkelijke vieringen op feestdagen die niet bij alle kerkgenootschappen gevierd worden. Ik neem opnieuw een voorbeeld uit de praktijk van Evensong & Pub. Enkele jaren terug zong het Kampen Boys Choir op 14 september een feestelijke choral evensong in de Domkerk. De katholieke kerk viert op deze datum het feest van de Kruisverheffing, in de anglicaanse kerk bekend als *Holy Cross Day*. In protestants Nederland wordt dit feest niet gevierd. Wat doe je in zo'n geval in een interkerkelijke evensong? Laat je je keuze van liederen, lezingen en gebeden wel of niet door dit feest leiden? En wat doe je met de gedachtenis van Thomas Cranmer (op 21 maart) en andere protestantse martelaren als de evensong in een katholieke kerk of binnen een oecumenische context gehouden wordt?

Ook de lezingen in een evensong die op een algemeen gedeelde feestdag wordt gehouden, zijn een punt van aandacht. In de anglicaanse kerk klinkt de belangrijkste lezing van een feest in de eucharistieviering. Op 2 februari (*Candlemas* of Opdracht van de Heer in de tempel) bijvoorbeeld, is dat de lezing uit Lucas 2. Deze lezing wordt dan niet meer in de evensong gelezen. Als een feestdag op een doordeweekse dag valt, en er nog geen eerdere kerkdienst geweest is, verdient het de voorkeur om in de evensong de lezing van de eucharistieviering aan te houden.

Ten slotte een praktische vraag: waar wordt de lezing gehouden? In protestantse kerken wordt vaak de hele dienst vanachter de tafel of vanaf de preekstoel gedaan. Het verdient de voorkeur om de lezingen vanachter een lezenaar te houden, dus niet vanaf de preekstoel of vanachter de tafel, wat in veel protestantse kerken in Nederland gebruikelijk is. Als de lezenaar verder weg staat, is het belangrijk dat de lector of voorganger al tijdens het voorafgaande gezongen onderdeel naar de lezenaar loopt. In de anglicaanse kathedralen wordt de voorganger opgehaald door de verger, die dit moment perfect weet te timen. In Nederland bestaat de functie van verger helaas niet, en vergeet de voorganger soms zich tijdig naar de lezenaar te begeven. Het gevolg is dat er, als iedereen na de psalm of het Magnificat weer is gaan zitten, niets gebeurt, behalve de wandeling van de voorganger naar de lezenaar. Dit legt de liturgie stil. Als de lector al achter de lezenaar klaarstaat, kan hij of zij meteen met de lezing beginnen. De lezing kan ook vanuit de koorbanken gedaan worden. Naar anglicaans voorbeeld is het mooi als na de lezing een korte stilte volgt, waarna de lector zegt: 'Hier eindigt de eerste (of tweede) lezing.' Daarna zet het koor het Magnificat of Nunc dimittis in.

'De choral evensong is voor mij een heel waardevolle manier om vorm te geven aan mijn spiritualiteit. De stilte, de vaste structuur en de prachtige muziek scheppen ruimte om de teksten uit de Bijbel te laten binnenkomen en voor zichzelf te laten spreken.'

BEZOEKER EVENSONG

20 | MAGNIFICAT / LOFZANG VAN MARIA

'De lofzang van Maria is het nieuwtestamentische concentratiepunt van de Psalmen. (...) Laten er meer Psalmen gezongen worden, vooral Maria's psalm.'

ARNOLD HUIJGEN[26]

'Dezelfde tekst die iedere dag weer anders klinkt.' Zo omschreef een regelmatige bezoeker van de evensong de canticles van de choral evensong, het Magnificat en Nunc dimittis. En zo zou je het kunnen zeggen. Het woord 'canticle' (kantiek) is ontleend aan het Latijnse woord *canticulum*, het verkleinwoord van *canticum*, lied of lofzang. De canticles zijn lofzangen of andere hymnische gedeelten uit de Bijbel buiten het boek Psalmen. Bekende voorbeelden van cantica die in de christelijke liturgie gezongen worden, zijn het Benedictus – de lofzang van Zacharias (Lucas 1,68-79), het Magnificat – de lofzang van Maria (Lucas 1,46-55) en het Nunc dimittis – de lofzang van Simeon (Lucas 2,29-32). In de kloostertraditie wordt elk van de lofzangen dagelijks, op zijn eigen vaste uur gezongen. In de calvinistische traditie is het zingen van deze cantica soms beperkt tot de advents- en kersttijd. Het kan dan een verrassende ontdekking zijn dat bijvoorbeeld het Magnificat iedere dag, dus ook in de Veertigdagentijd of midden in de zomer, gezongen wordt. Tijdens de Engelse Reformatie werden, zoals gezegd, de vespers en completen samengevoegd, vandaar dat in de evensong zowel het Magnificat als het Nunc dimittis gezongen wordt. Het Magnificat klinkt na de eerste lezing, het Nunc dimittis na de tweede. Voor beide lofzangen geeft het *Book of Common Prayer* een alternatief. Psalm 98 kan in plaats van het Magnificat gezongen worden en Psalm 67 in plaats van het Nunc dimittis.

Magnificat – de lofzang van Maria

De tekst van het Magnificat geef ik hieronder weer.

My soul doth magnify the Lord,
and my spirit hath rejoiced in God my Saviour.
For he hath regarded the lowliness of his handmaiden.

26 Arnold Huijgen, *Maria. Icoon van genade*, Utrecht, 2021, 324.

For behold, from henceforth all generations shall call me blessed.
For he that is mighty hath magnified me and holy is his Name.
And his mercy is on them that fear him throughout all generations.
He hath showed strength with his arm,
he hath scattered the proud in the imagination of their hearts.
He hath put down the mighty from their seat
and hath exalted the humble and meek.
He hath filled the hungry with good things
and the rich he hath sent empty away.
He remembering his mercy hath holpen his servant Israel:
as he promised to our forefathers, Abraham and his seed for ever.

Glory be to the Father...

Mijn ziel prijst en looft de Heer,
mijn hart juicht om God, mijn redder:
hij heeft oog gehad voor mij, zijn minste dienares.
Alle geslachten zullen mij voortaan gelukkig prijzen,
ja, grote dingen heeft de Machtige voor mij gedaan,
heilig is zijn naam.
Barmhartig is hij, van geslacht op geslacht,
voor al wie hem vereert.
Hij toont zijn macht en de kracht van zijn arm
en drijft uiteen wie zich verheven wanen,
heersers stoot hij van hun troon
en wie gering is geeft hij aanzien.
Wie honger heeft overlaadt hij met gaven,
maar rijken stuurt hij weg met lege handen.
Hij trekt zich het lot aan van Israël, zijn dienaar,
zoals hij aan onze voorouders heeft beloofd:
hij herinnert zich zijn barmhartigheid
jegens Abraham en zijn nageslacht,
tot in eeuwigheid.

Eer aan de Vader...

Ook al wordt de lofzang van Maria al sinds de eerste editie van het *Book of Common Prayer* in het Engels gezongen, de naam Magnificat is nog steeds in gebruik. 'Magnificat' is het eerste woord van de Latijnse vertaling van de lofzang van Maria, 'Magnificat anima mea Dominum', 'Groot maakt mijn ziel de Heer'. In koorjargon wordt het Magnificat vaak afgekort tot ‘the Mag’, op z’n Engels uitgesproken. In combinatie met het Nunc dimittis wordt gesproken van ‘the Mag and Nunc’.

Het Magnificat muzikaal

In de monastieke traditie hebben de cantica dezelfde muzikale vorm als de psalmen: een psalmtoon, eenstemmig gereciteerd, met antifoon. Ook worden ze op dezelfde wijze uitgevoerd: alternerend, over en weer. De antifoon wordt gezamenlijk gezongen. Vanaf de Renaissance worden de cantica meerstemmig getoonzet, en worden ze steeds minder op een psalmtoon gezongen, in de kathedralen althans. Componisten als Guillaume Dufay (1397-1474), Josquin Desprez (1456-1521) en later Orlando di Lasso (1532-1594) en Claudio Monteverdi (1567-1643) schreven polyfone zettingen van het Magnificat.

Met de introductie van het eerste *Book of Common Prayer* worden het Magnificat en Nunc dimittis voor het eerst met elkaar verbonden. Componisten gaan vanaf dan *Evening Services* of kortweg *Services* schrijven, bestaande uit een Magnificat en Nunc dimittis. Aan Thomas Tallis komt de eer toe hierin de eerste te zijn geweest, en velen zijn hem nagevolgd. Enkele bekende voorbeelden van *Evening Services* zijn de *Second Service* van William Byrd, *Service in G minor* van Henry Purcell, *Service in D minor* van George Dyson (1883-1964), *Service in C* van Charles Villiers Stanford (1852-1924) en *Service in B minor* van Herbert Howells (1892-1983). De lijst is eindeloos en er worden nog telkens nieuwe composities aan toegevoegd. In boekjes met de orden van dienst of in muzikale overzichten van Engelse kathedralen of college chapels wordt de *Evening Service* vaak enkel met de naam van de componist en de toonsoort aangeduid, bijvoorbeeld ‘Stanford in C’.

Het Magnificat inhoudelijk

Het Magnificat is het danklied van Maria, de moeder van Jezus. Maria zong deze woorden bij haar bezoek aan haar nicht Elisabet, die ook in verwachting was. Elisabet was de vrouw van de priester Zacharias. Lucas beschrijft dat Maria het huis van Zacharias binnenging en Elisabet begroette. ‘Toen Elisabet de groet van Maria hoorde, voelde ze het kind in haar schoot opspringen, werd vervuld met de heilige Geest en riep luid: “De meest gezegende ben je van alle vrouwen, en gezegend is de vrucht van je schoot. Wie ben ik dat de moeder van mijn Heer naar mij toekomt?”’ (Lucas 1,41-42, NBV). Maria beantwoordt deze begroeting met een vreugdevol danklied waarin God bezongen wordt als de heilbrenger en verlosser van armen en geringen. De contrasten die benoemd worden, zoals arm en rijk, machtigen en nederigen, zijn door veel componisten treffend getoonzet.

Citaten in het Magnificat

De lofzang van Maria bestaat voor het grootste deel uit citaten uit de psalmen en de profeten. Het duidelijkst zijn de parallellen met de lofzang van Hanna uit 1 Samuel 2,1-10. Willem Barnard legt uit dat wat Maria zingt, te verstaan is als het gezang van de jonkvrouw Zion. 'Zij is de persona van de gemeente. Ecclesia *cantat*. (...) Het lied is vrijwel één en al citaat. Het is óók: ecclesia *citat*. En dat wil niet zeggen dat haar lofzang minder waard is. Integendeel, de *zin* van die lofzang ligt grotendeels in het *zinsverband*.'[27]

In onderstaand schema zijn enkele overeenkomsten tussen het Magnificat en de psalmen en profeten weergegeven.

Book of Common Prayer	Nederlandse vertaling	Psalm- of Profetencitaten
For he that is mighty hath magnified me and holy is his Name.	Ja, grote dingen heeft de Machtige voor mij gedaan, heilig is zijn naam.	Heilig en ontzagwekkend is zijn naam. (Ps. 111,9b)
He hath shewed strength with his arm he hath scattered the proud in the imagination of their hearts.	Hij toont zijn macht en de kracht van zijn arm en drijft uiteen wie zich verheven wanen,	U hebt (...) met krachtige arm uw vijanden verstrooid. (Ps. 89,11)
He hath put down the mighty from their seat and hath exalted the humble and meek.	heersers stoot hij van hun troon en wie gering is geeft hij aanzien.	De Heer richt de vernederden op en drukt de goddelozen neer. (Ps. 147,6)
He hath filled the hungry with good things and the rich he hath sent empty away.	Wie honger heeft overlaadt hij met gaven, maar rijken stuurt hij weg met lege handen.	want hij heeft (...) de ziel die verhongerde vervuld met alle goed (Ps. 107,9 Naardense Bijbel)
He remembering his mercy hath holpen his servant Israel	Hij trekt zich het lot aan van Israël, zijn dienaar, zoals hij aan onze voorouders heeft beloofd:	Hij heeft gedacht aan zijn liefde en trouw voor het volk van Israël. (Ps. 98,3)
as he promised to our forefathers, Abraham and his seed for ever.	hij herinnert zich zijn barmhartigheid jegens Abraham en zijn nageslacht, tot in eeuwigheid.	U bewijst (...) Abraham uw goedheid, zoals u gezworen hebt aan onze voorouders, in de dagen van weleer. (Micha 7,20)

27 Willem Barnard, *Op een stoel staan. Van zondag tot zondag. Herfst en winter*, Haarlem 1979, 258.

Liturgisch gebruik

Waarom wordt het Magnificat altijd 's avonds gezongen? In de Oosterse liturgie is het Magnificat het canticum van het morgengebed, in het Westen werd het verplaatst naar de vespers. Volgens verschillende bronnen is dit een keuze geweest van Benedictus van Nursia (480-547). Al in de middeleeuwen dacht men na over de vraag waarom het Magnificat juist in de vespers gezongen werd. Wilhelmus Durandus (1230-1296) verklaart dit door te verwijzen naar Maria als avondster. 'Op het moment dat de duisternis intreedt, de zon ondergaat en de sterren aan de hemel verschijnen, het oorspronkelijke en meest juiste tijdstip voor het bidden van de vespers, neemt de Kerk de woorden in de mond van Maria, de Sterre der Zee (Stella maris), in de lofzang van het Magnificat.'[28] Volgens Bartolomeüs Gavantus (1569-1638) wordt het Magnificat 's avonds gezongen, omdat Maria haar lofzang zou hebben aangeheven tegen de avond, toen zij het huis van Elisabet binnentrad. Met Maria kan de gelovige zo iedere avond het mysterie van de menswording van God gedenken. Een andere uitleg, die meer eschatologisch van aard is, geeft Willem Barnard: 'Sinds het begin van de zesde eeuw wordt op talloze plaatsen die hymne [het Magnificat] aangeheven, dag na dag, in de vespers, bij het avondgebed. Dat is een aanwijzing. Als het duister wordt, moeten wij God 'groot maken' en elkander de belofte van een nieuwe aarde, de droom van sjaloom, te binnen brengen. In de stede van hebzucht, eenzaamheid en terreur een visioen van vrede.'[29]

Staan of zitten?

Het gebruik om tijdens de cantica te gaan staan is overgenomen uit de monastieke traditie. De volgorde van de (gezongen) lezingen in de vespers en completen komt overeen met die van de eucharistieviering. Eerst worden een of meer psalmen uit het Oude Testament gezongen, daarna klinkt de epistellezing en ten slotte het evangelie in de vorm van de cantica. De nieuwtestamentische lofzang, het Magnificat, functioneert dus in de vespers als de evangelielezing en als hoogtepunt van het getijdengebed.[30] Daarom wordt het met dezelfde luister en eerbied omringd als de evangelielezing in de eucharistieviering. Dit komt onder meer tot uiting door te gaan staan. Ook wordt in de vespers in de katholieke traditie wierook ontstoken en slaat men een kruis aan het begin van het Magnificat.

28 J. Hermans, *Het getijdengebed. Liturgie en spiritualiteit van het getijdenboek*, Oegstgeest, 1995, 200-202.

29 Barnard, *Op een stoel staan*, 261.

30 Hermans, *Het getijdengebed*, 201-202.

In de praktijk

Het is boeiend om na te denken over het staan bij het Magnificat tijdens choral evensongs in protestants Nederland. Hier kent men in veel gevallen geen bijzondere houding bij de evangelielezing in een viering op zondagmorgen. Men gaat niet staan, behalve in lutherse en oecumenisch-protestantse gemeenten. Het is dan ook niet verwonderlijk dat bij veel evensongs in protestants Nederland de mensen blijven zitten bij het Magnificat. Een consequentie hiervan is dat evensongs in de protestantse traditie in Nederland wat concertanter kunnen aandoen. Het koor zingt, de aanwezigen luisteren, zittend en achterover leunend. Door te gaan staan geef je als het ware aan dat je instemt met de lofzang. Dit brengt ook weer een vervolgvraag met zich mee. Als een protestantse gemeente bij het zingen van het Magnificat in de evensong wel gaat staan, waarom dan ook niet op zondagmorgen tijdens de evangelielezing?

'Een evensong treft me keer op keer, met name de woorden van het Magnificat en ook wel van het Nunc dimittis. Zingend geloof ik veel meer dan wanneer ik nadenk. Het hangt van de componist af en ook van een uitvoering in welke mate ik geniet, maar het is altijd mooi aanwezig te zijn.'

ZANGER EVENSONG

21 | NUNC DIMITTIS/ LOFZANG VAN SIMEON

'To be a light, to lighten the gentiles.'

LUCAS 2,33

Het Nunc dimittis, de lofzang van Simeon, heeft in de monastieke traditie een plaats in de completen, het laatste getijdengebed van de dag. De Apostolische Constituties vermelden het gebruik van het Nunc dimittis al in de avondliturgie omstreeks 380 in Syrië. Benedictus van Nursia kende deze traditie vermoedelijk echter nog niet, het Nunc dimittis is pas later aan de liturgie van de completen toegevoegd.

In het *Sarum Breviary* werden de cantica voorafgegaan door een *metrical hymn*, de officiehymne, passend bij de tijd van het kerkelijk jaar. Thomas Cranmer liet aanvankelijk sommige van deze hymnen terugkomen in zijn ontwerp van de getijdenvieringen. Maar in het eerste *Book of Common Prayer* werd de hymne toch geschrapt, vermoedelijk omdat de hymnes geen letterlijke bijbelteksten waren.

Dat het Nunc dimittis een plaats heeft gekregen in de completen, is niet zonder betekenis. Aan het einde van de dag, als de duisternis is ingevallen – ook een beeld van de dood –, klinken de woorden 'een licht dat geopenbaard wordt...' Je zou kunnen zeggen dat de lofzang van Simeon de tegenhanger is van de lofzang van Zacharias, het Benedictus. In deze lofzang, die in de monastieke en anglicaanse traditie 's ochtends wordt gezongen, staat de opgaande zon centraal, als beeld van de barmhartigheid van God. Waar de lofzang van Zacharias vol van verwachting is, gaat de lofzang van Simeon over voltooiing, vervulling.[31]

Het *Book of Common Prayer* geeft aan, zoals eerder genoemd, dat Psalm 67 als alternatief voor het Nunc dimittis gezongen kan worden.

Tekst

De lofzang van Simeon is te vinden in Lucas 2,29-33. Hieronder volgt de tekst uit het *Book of Common Prayer* en de vertaling (NBV). De versie in het *Book of Common Prayer* is overgenomen uit *The King's Primer* (1545). In de eerste editie van het *Book of Common Prayer* stond 'to be a light for to lighten the gentiles', in de latere edities is het voorzetsel 'for' weggelaten.

31 Hermans, *Het getijdengebed*, 203.

Lord, now lettest thou thy servant
depart in peace according to thy word.
For mine eyes have seen thy salvation,
which thou hast prepared before the face of all people:
To be a light to lighten the Gentiles
and to be the glory of thy people Israel.

Glory be to the Father...

Nu laat u, Heer, uw dienaar in vrede heengaan,
zoals u hebt beloofd.
Want met eigen ogen heb ik de redding gezien
die u bewerkt hebt ten overstaan van alle volken:
een licht dat geopenbaard wordt aan de heidenen
en dat tot eer strekt van Israël, uw volk.

Eer aan de Vader...

Inhoud en achtergrond

Simeon zingt zijn lofzang als Jezus veertig dagen na zijn geboorte door Maria en Jozef naar de tempel in Jeruzalem wordt gebracht. Maria en Jozef volgden hiermee het joodse voorschrift op dat jonge ouders een reinigingsoffer moesten brengen en hun kind aan de Heer voorstellen. De kerk viert deze gebeurtenis op 2 februari, de veertigste dag na Kerst. Met dit feest wordt de kersttijd afgesloten. In de verschillende kerkelijke tradities heeft deze feestdag zijn eigen naam gekregen. De oorspronkelijke, Latijnse naam van het feest is *Purificatio Beatae Mariae Virginis*, in het Nederlands: Maria Zuivering of Maria Reiniging. De aanduiding Opdracht van de Heer in de tempel of Presentatie van Jezus in de tempel is gangbaarder, ook in de protestantse traditie. Het feest staat ook wel bekend als Maria Lichtmis, vanwege de vele kaarsjes die dan worden ontstoken en de kaarsenprocessies die gehouden worden. De kaarsen verwijzen naar het licht dat in de lofzang van Simeon bezongen wordt, en dus naar Christus. Dit verklaart ook de Engelse naam, *Candlemas*.
Toen Jozef en Maria met Jezus in de tempel aankwamen, schrijft Lucas, troffen zij daar Simeon aan, die door de Geest van God naar de tempel was gezonden. Er is niet veel over Simeon bekend. Lucas beschrijft hem als volgt: '... deze mens was een rechtvaardige, een vrome, een verwelkomer van Israëls troosttoeroep; heilige geestesadem is over hem geweest' (Lucas 2,25, *Naardense Bijbel*). In Lucas 2,26 staat dat Simeon door

de heilige Geest was toegezegd dat hij de dood niet zou zien voordat hij de door de Heer beloofde gezalfde had gezien. Deze zin heeft tot de algemeen verbreide opvatting geleid dat Simeon een oude man moet zijn geweest, en ook in de schilderkunst wordt hij meestal als zodanig afgebeeld. Lucas vermeldt echter niets over de leeftijd van Simeon.

Citaten uit Jesaja

Simeon herkent in het kind van Maria de Verlosser van de wereld. Met Jezus in zijn armen zingt hij zijn lofzang. De plaats waar hij dit doet, is veelzeggend. Simeon staat in de voorhof van de tempel, tussen de mensen die overal vandaan toestromen. Het 'ten overstaan van alle volken' wordt op dat moment dus al even bewaarheid. Evenals de lofzang van Maria bevat ook de lofzang van Simeon veel citaten, vooral uit Jesaja. Zo staat in Jesaja 49,6: 'Ik zal je maken tot een licht voor alle volken, opdat de redding die ik brengen zal tot aan de einden der aarde reikt.' En in Jesaja 42,6: 'Ik (...) maak je tot een licht voor alle volken.'

Muzikale zettingen

Van het Latijnse Nunc dimittis zijn veel minder toonzettingen geschreven dan van het Magnificat. Dat hangt samen met het feit dat de completen voornamelijk in kloosters en kapittelkerken werden gevierd, en niet voorkwamen in het kathedraal officie. Het Nunc dimittis werd op een psalmtoon gezongen. Alleen voor Maria Lichtmis werden uitgebreide, polyfone toonzettingen van dit canticum geschreven. Als vanaf de Engelse Reformatie het Nunc dimittis muzikaal gekoppeld wordt aan het Magnificat, en ze samen de *Evening Service* gaan vormen, verschijnen er vele toonzettingen. Dikwijls begint het Nunc dimittis met een gedeelte voor mannenkoor of een solo voor bas of tenor, als ware het Simeon zelf die zingt. De muziek is doorgaans ingetogen. De tekst 'To be a light' markeren componisten vaak als een bijzonder moment. De muziek wordt dan bijvoorbeeld sterker, of er zijn stijgende sprongen te horen. De doxologie na het Nunc dimittis is vaak dezelfde als die na het Magnificat, bijvoorbeeld in de *Evening Service in C* van Charles Stanford, maar kan ook opnieuw getoonzet zijn. Dat is bijvoorbeeld het geval in de *Evening Service in B-flat* van dezelfde componist.

'De choral evensong is voor mij een moment van meditatie en bezinning. De combinatie van de heldere liturgie en muziek op hoog niveau. Veel meer dan een doorsnee zondagochtend dienst/mis is de choral evensong voor mij een dienst waar ik erg veel troost en kracht uit heb kunnen putten op het moment dat het leven mij bijzonder zwaar valt.'

BEZOEKER EVENSONG

22 | THE CREED / DE GELOOFSBELIJDENIS

'Waar de kathedraal niet verder kan, aan de oostzijde, is het grote raam. Dat boeit mij telkens weer. Die kerken staan open naar het oosten. (...) Die kerken oriënteren zich op de viering, dagelijks, van een paasopenbaring.'

WILLEM BARNARD, OVER DE KATHEDRAAL VAN LINCOLN[32]

Nadat het koor het Nunc dimittis gezongen heeft, blijven allen staan en keren zich naar het oosten om hardop de geloofsbelijdenis (*The Creed*) uit te spreken. De beweging richting het oosten wordt aangeduid als 'Turning East' of 'Facing the Altar'. De geloofsbelijdenis die in de evensong wordt gesproken, is de apostolische geloofsbelijdenis.

Het Engelse woord *creed* is afgeleid van het Latijnse *credo*: 'ik geloof'. Dit zijn de eerste woorden van de geloofsbelijdenis. Het woord *credere*, waar credo een verbuiging van is, is ontstaan uit de Latijnse woorden *cor dare*: je hart geven.

The Apostles' Creed

I believe in God the Father almighty,
maker of heaven and earth:
and in Jesus Christ his only Son our Lord,
who was conceived by the Holy Ghost,
born of the Virgin Mary,
suffered under Pontius Pilate,
was crucified, dead, and buried.
He descended into hell;
the third day he rose again from the dead;
he ascended into heaven,
and sitteth on the right hand of God the Father almighty;
from thence he shall come to judge the quick and the dead.
I believe in the Holy Ghost;
the holy catholic Church;
the communion of saints;
the forgiveness of sins;

32 Willem Barnard, *Papier als reisgenoot*, Haarlem 1975, 20.

the resurrection of the body,
and the life everlasting. Amen.

De apostolische geloofsbelijdenis

Ik geloof in God de almachtige Vader,
Schepper van hemel en aarde.
En in Jezus Christus, zijn enige Zoon, onze Heer,
die ontvangen is van de heilige Geest,
geboren uit de Maagd Maria;
die geleden heeft, onder Pontius Pilatus
is gekruisigd, gestorven en begraven;
die nedergedaald is ter helle,
de derde dag verrezen uit de doden;
die opgestegen is ten hemel,
zit aan de rechterhand van God, de almachtige Vader;
vandaar zal Hij komen oordelen de levenden en de doden.
Ik geloof in de heilige Geest;
de heilige katholieke kerk,
de gemeenschap van de heiligen;
de vergeving van de zonden;
de verrijzenis van het lichaam;
en het eeuwig leven. Amen.

Achtergronden

In de eerste eeuwen van de kerk zijn er meerdere geloofsbelijdenissen ontstaan. Enkele daarvan zijn in de wereldwijde kerk tot op heden in gebruik, waarvan de Apostolische Geloofsbelijdenis (ca. 110) en de Geloofsbelijdenis van Nicea (325). De eerstgenoemde heeft een plaats gekregen in de evensong, de laatste wordt gezongen in de eucharistieviering en maakt deel uit van het ordinarium, de vaste onderdelen van de mis. Als je een mis zingt of beluistert van bijvoorbeeld Palestrina of Haydn, is de tekst van het credo dus 'Nicea'.

Zoals we al zagen wordt in de evensong de Apostolische Geloofsbelijdenis (het Apostolicum) gesproken. Deze belijdenis wordt zo genoemd, omdat elk van de twaalf apostelen een artikel (stelling of uitspraak) zou hebben geschreven. Dat is niet meer dan een mooie legende, maar de tekst vat de leer van de twaalf apostelen, de leerlingen van Jezus, wel goed samen. Het Apostolicum is ontstaan vanuit de doopliturgie. De catechumenen die zich voorbereidden op de doop in de paasnacht, leerden deze tekst. In de paasnacht werd (en wordt) de geloofsbelijdenis in vragende vorm gesteld door de priester ('Gelooft u in God de Vader...?') en beantwoord met 'Ja, ik geloof' door de catechumenen.

Ook het draaien naar het oosten, Turning East, komt uit de dooppraktijk. In de Vroege Kerk draaide de dopeling zich voorafgaand aan de doop van het westen naar het oosten. In de Nederlandse protestantse traditie zijn daar nog sporen van te vinden. Zo kan de voorganger aan een dopeling of de doopouders de vraag stellen:

> Wilt u zich afwenden van alle kwaad
> en alles wat Gods wil weerstaat?
> En wilt u zich toewenden naar Christus
> en naar zijn Rijk dat komt?[33]

In het eerste *Book of Common Prayer* (1549) werd het credo alleen in het ochtendgebed door de voorganger gesproken, en wel bij de responses: tussen het Kyrie en het Onze Vader. Het credo is echter geen gebed. In het tweede *Book of Common Prayer* (1552) werd het daarom naar voren gehaald en vlak voor de responses gesproken. Ook werden de orden van het ochtend- en avondgebed grotendeels gelijkgetrokken. Het credo kreeg toen ook een plaats in de evensong en werd niet alleen door de voorganger, maar door voorganger en allen staande gesproken:

> *Then shall be sayd the Crede, by the Minister and the people, standinge.*

In de vierde editie van het *Book of Common Prayer* (1662) werd toegevoegd dat het credo ook gezongen kan worden:

> *Then shall be sung or said the Apostles Creed by the Minister and the people standing.*

De mogelijkheid om het credo te zingen wordt niet vaak benut, maar is het proberen zeker waard. Een praktisch bezwaar kan zijn dat oostwaarts gekeerd niet iedereen de dirigent ziet, maar net als bij de hymns kan de organist de samenzang leiden.

In de praktijk

Het overbrengen van de choral evensong naar (protestants) Nederland brengt een aantal praktische vragen met zich mee als het gaat om het

33 *Dienstboek – een proeve. Leven, zegen, gemeenschap* (2004), 147.

gebruik van de ruimte. Hierover gaat het hoofdstuk 'Turning East. Turning Exit? Turning to the Music!' in mijn proefschrift.[34] Een en ander vraagt om een goede doordenking van de inrichting van de ruimte en van rituele handelingen. Deze doordenking hoeft zich niet tot de evensong te beperken. Als het oosten in de evensong tot vierrichting gemaakt wordt, waarom zou je dat dan in de zondagochtendvieringen ook niet doen?

Vrijwel alle middeleeuwse kerken zijn 'georiënteerd', gericht op het oosten. Ook veel kerkgebouwen uit latere tijd kennen deze bouwrichting. Het koor, met daarin het altaar en het kruis, bevindt zich in het oostelijke deel van de kerk. 'Turning East' is daarom tegelijk ook 'facing the altar'.

In protestantse kerken in Nederland ligt dit iets ingewikkelder, omdat tijdens en na de Reformatie veel kerken zijn 'gedesoriënteerd'. Dit lot viel ook vele anglicaanse kerken ten deel onder het regime van Oliver Cromwell. Het altaar werd afgebroken, soms zelfs voor de ingang van de kerk gelegd, zodat iedereen er met zijn vieze voeten overheen kon lopen. Het hoogkoor in het oosten werd nogal eens afgesloten en dichtgetimmerd. De preekstoel kwam centraal te staan. Als er nog iets van een hoogkoor over is, wordt dat (soms tot op heden) gebruikt als garderobe of als opslagruimte. Soms zit de gemeente met haar rug naar het oosten. Turning East betekent dan dat iedereen zich 180 graden moet draaien. Op weer andere plekken, zoals de Domkerk in Utrecht en de Nieuwe Kerk in Amsterdam, bevindt zich het praalgraf van een zeeheld waar vroeger het altaar stond. Wanneer je in de evensong Turning East invoert, moet je dus goed bedenken waar je met je gezicht naartoe keert. Sommige voorgangers lossen het probleem op door een inleidende zin uit te spreken over het symbolische oosten. Ook kan er, als er geen symbolische verwijzing naar Christus is, een kruis of een icoon van Christus in het oostelijke deel van de kerk geplaatst worden.

Waar staat de voorganger?

In veel protestantse kerkdiensten staat de voorganger op de kansel, met zijn of haar gezicht naar de mensen. Ook komt het vaak voor dat de voorganger de hele viering achter de tafel staat. Draaien naar het oosten werkt dan niet, omdat of de mensen zich dan naar de voorganger wenden, of dat de voorganger zich van de tafel af moet wenden. Het is

34 Rijken, '*My Soul Doth Magnifiy*', 85-105.

daarom belangrijk dat de voorganger ook in de kloosteropstelling staat, terzijde, en mee kan draaien in de richting van het oosten.

Wel of geen credo?

Vaak laat men in evensongs in Nederland de geloofsbelijdenis weg. Een reden kan zijn dat men huiverig is om deze tekst in de mond te leggen van rand- en niet-kerkelijke mensen. Ook zijn er gemeenten waarin het gezamenlijk uitspreken van de geloofsbelijdenis überhaupt nooit gebeurt. Soms kiest men ervoor om niet de eeuwenoude geloofsbelijdenis te spreken, maar een zelfgeformuleerde tekst. Aan de ene kant is dit een boeiende ontwikkeling, omdat daarmee de evensong in Nederland een geheel eigen toe-eigening krijgt. Vanuit een ander gezichtspunt zijn er wel opmerkingen bij te maken. Je kunt het credo beschouwen als 'ultimate sacred postulate', een term van de antropoloog Roy Rappaport.[35] De waarde ervan zit hem niet alleen in de woorden zelf, maar ook in het feit dat de tekst eeuwenoud is, al generaties lang wordt overgedragen en wereldwijd in de breedte van de kerk erkend is.

35 R.A. Rappaport, *Ritual and Religion in the Making of Humanity* (= Cambridge Studies in Social and Cultural Anthropology 110), Cambridge, 1999.

23 | RESPONSES/ RESPONSORIEGEBEDEN

'... prayer both expresses communion and creates communion.'
BRIDGET NICHOLS[36]

De responses (responsies) worden net als de preces over en weer gezongen door de precentor en het koor. De responses bestaan uit verschillende onderdelen die ik één voor één zal toelichten.

Groet

Eerst klinkt de groet:

Minister: *The Lord be with you.*
Answer: *And with your spirit.*

Voorganger: De Heer zij met u.
Antwoord: En met uw geest.

In de Bijbel komen we een dergelijke groet op verschillende plaatsen tegen. Zo zegt Boaz in Ruth 2,4 tot de maaiers: 'De Heer zal bij u zijn.' De maaiers antwoorden met: 'De Heer zegene u.' 'The Lord be with you' is een vertaling van het Latijnse 'Dominus vobiscum'. De liturgische groet is in principe bedoeld als beurtspraak tussen voorganger en koor (of gemeente).

In de eerste editie van het *Book of Common Prayer* klonk de groet pas vrijwel aan het einde, direct voor de collects. Vanaf de derde editie (1559) wordt de groet aan het begin van de responses gezongen.

Lesser Litany

Na de groet klinkt (volgens de huidige orde) de oproep 'Let us pray'. Dit is in de anglicaanse traditie tevens een teken voor de aanwezigen, ook de voorgangers, dat ze kunnen knielen (of gaan zitten).

36 Bridget Nichols, 'Prayer' in: Juliette Day & Benjamin Gordon-Taylor, *The Study of Liturgy and Worship. An Alcuin Guide* (SPCK), Londen, 2013, 43-52, 52.

De *Lesser Litany* die vervolgens gebeden wordt, luidt als volgt:

Lord, have mercy upon us!
Christ, have mercy upon us!
Lord, have mercy upon us!

Deze tekst is een vertaling van het Griekse *Kyrie eleison, Christe eleison, Kyrie eleison*. Het Kyrie komt niet alleen voor in de evensong, maar ook in de eucharistieviering. De uitroep '*eleison hèmas*' (ontferm u over ons) is van voorchristelijke herkomst, de zonnecultus, zoals veel elementen in de christelijke liturgie van 'buiten' kwamen en vervolgens zijn aangepast. '*Kyrie eleison*' (Heer, ontferm u) werd ook aan de keizer toegeroepen. Een bijbelse referentie vinden we in Marcus 10,47 en Lucas 18,38, waar Bartimeüs tot Jezus roept: 'Zoon van David, ontferm u over mij.'

The Lord's Prayer

Na het Kyrie volgt *The Lord's Prayer* (het Onze Vader) en direct daarna komen de gezongen responses. Het Onze Vader wordt meestal *recto tono* gezongen, dat wil zeggen op één toon gereciteerd, en afgesloten met een meerstemmig gezongen amen. Als het Onze Vader ook aan het begin is gebeden, gebeurt het nu voor de tweede keer, zonder doxologie.

Responses

De responses bestaan uit een compilatie van voornamelijk psalmverzen. Deze zijn afkomstig uit verschillende getijdenvieringen. In de kathedraal van Salisbury was al ver voor de Reformatie een samengestelde reeks psalmverzen in gebruik, die voor een groot deel overeenkomt met de responses. Het opzeggen van deze psalmverzen werd 'Bidding the Bedes' genoemd. Dit gebruik doet denken aan het bidden van de rozenkrans. Het woord *bead* (kraal) is dan ook verwant aan *bede* (gebed).

De responses zijn als volgt opgebouwd:
1. Gebed om goedertierenheid
2. Gebeden voor de koning(in)
3. Gebed voor de dienaren
4. Gebed voor het volk
5. Gebed om vrede
6. Gebed om een zuiver hart

1. *Gebed om goedertierenheid*
Psalm 85,8

BCP	BCP Nederlands	LB 191	NBV
O Lord, shew thy mercy upon us.	O Heer! Toon ons uw goedertierenheid.	Toon ons, God, uw erbarmen,	Toon ons uw trouw, Heer,
And grant us thy salvation.	En geef ons uw heil.	en schenk ons uw heil!	en geef ons uw hulp.

Willem Barnard zegt over dit zinnetje: 'Wie eenmaal in de Anglicana het geloof heeft leren omhelzen (inderdaad omhelzen!) raakt zo'n parel van grote waarde als deze verzuchting nooit meer kwijt.'[37]

2. *Gebed voor de koning(in)*
Psalm 20,9 (vers 10 in de NBV)

BCP	BCP Nederlands	LB 191	SdV (II)	NBV
O Lord, save the queen.	O Heer, behoed de koningin	Geef wie ons regeren bevrijding,	Zegen onze koning en wie ons regeren,	Heer, schenk de koning overwinning.
And mercifully hear us when we call upon thee.	En verhoor ons genadiglijk als wij U aanroepen	dat zij antwoorden als wij roepen.	en wil ons roepen genadig horen.	antwoord ons wanneer wij u aanroepen

Met dit vers is iets aardigs aan de hand. In het eerste *Book of Common Prayer* stond 'O Lord, save the king', naar Psalm 20,9. Nadat Elizabeth I in 1559 tot koningin was gekroond, werd het psalmvers aangepast: 'O Lord, save the *queen*.' Zo veranderde het psalmvers al naar gelang er een mannelijk of vrouwelijk staatshoofd op de troon zat. Sinds de opkomst van de evensongs in Nederland buiten de anglicaanse kerk werd ook altijd 'queen' gezongen, totdat Willem-Alexander koning werd. Dit stelt voorgangers en musici in evensongs in Nederland voor de onvermijdelijke vraag: zingen we 'koning' of 'koningin'?

Het roept ook de vraag op of we niet voor wie ons regeren moeten bidden. In de Verenigde Staten zingt men tijdens choral evensongs op deze plek: 'O Lord, save the State.'

---

37 Barnard, *Psalmgetier*, 2004.

Fragment uit de preces en responses van William Byrd.

Het psalmvers heeft nog een verrassing in petto. De vraag is namelijk: wie antwoordt wie? Is de psalm een gebed van de psalmist tot God? Of hoopt hij dat de koning zal antwoorden? Het *Book of Common Prayer* en de NBV gaan uit van de eerste mogelijkheid. Zij volgen de Septuagint en de Targoem. In de Masoretische tekst staat echter:

> Heer, schenk de overwinning.
> De koning antwoordt ons.

De *Naardense Bijbel* vertaalt dit met:

> O ENE, wil ons redden,
> o koning,
> antwoord ons ten dage van ons roepen!

Wordt met de koning God bedoeld, of gaat het om de koning van – laten we aannemen – Israël? Sytze de Vries heeft in zijn vertaling de koning vervangen door 'hen wie ons regeren' en is dus uitgegaan van de tweede gedachte. Na overleg heeft hij een tweede vertaling gemaakt, waarin hij het eerste spoor volgt:

> Zegen onze koning en wie ons regeren
> en wil ons roepen genadig horen.

Fragment uit de preces en responses van William Byrd.

3. *Gebed voor de dienaren*
Psalm 132,9 (zie ook 2 Kronieken 6,41)

BCP	BCP Nederlands	LB 191	SdV (II)	NBV
Endue thy ministers with righteousness.	Bekleed uwe dienaren met gerechtigheid.	Uw kerk zal zich hullen in gerechtigheid.	Bekleed uw dienaren met gerechtigheid	Laat uw priesters zich kleden in gerechtigheid (Mogen uw priesters bekleed zijn met zegen.)
And make thy chosen people joyful.	En dat uwe gunstgenoten juichen!	En uw getrouwen zullen juichen.	dat uw getrouwen vrolijk juichen!	uw getrouwen juichen van vreugde.

In het *Book of Common Prayer* is het woord priesters vertaald met *ministers*, dienaren. De vertaling in *Liedboek* 191 luidt: 'Uw kerk zal zich hullen in gerechtigheid.' Het woord 'kerk' komt in Psalm 132 echter niet voor. In de tweede versie die Sytze de Vries maakte, is deze zin veranderd in 'Bekleed uw dienaren met gerechtigheid'.

4. *Gebed voor het volk*
Psalm 28,9-10

BCP	LB 191	NBV
O Lord, save thy people.	Bevrijd uw volk, o God,	Red het volk dat u toebehoort,
And bless thine inheritance.	en zegen uw erfdeel.	zegen het.

5. *Gebed om vrede*
Gregoriaans/vertaling Luther en een verwijzing naar Psalm 122,7

BCP	LB 191	Gregoriaans/Luther
Give peace in our time, o Lord.	Geef in onze dagen vrede,	Da pacem Domine in diebus nostris.
		Verleih uns Frieden [gnädiglich], Herr Gott, zu unsern Zeiten.
Because there is none other that fighteth for us, but only thou, O God.	wie anders dan Gij zal voor ons strijden.	Es ist doch ja kein Andrer nicht, der für uns könnte streiten, denn du, unser Gott, alleine.

6. Gebed om een zuiver hart
Psalm 51,12a en Psalm 51,13b (meervoud)

BCP	LB 191	NBV
O God, make clean our hearts within us.	Schep mij een zuiver hart, o God,	Schep, o God, een zuiver hart in mij,
And take not thy Holy Spirit from us.	en neem uw heilige Geest niet van mij.	neem uw heilige geest niet van mij weg.

Een opvallend verschil tussen het *Book of Common Prayer* en de oorspronkelijke psalmtekst is de meervoudsvorm: *us* in plaats van *me*. Het gemeenschappelijke karakter van het vieren van de liturgie wordt zo benadrukt.

De responses muzikaal

De eerste zin van de responses is voor de voorzanger, de tweede wordt meerstemmig gezongen door het koor, namens de hele gemeenschap. De intonatie door de precentor is meestal opgebouwd uit een reciteertoon, een dalende kleine terts en vervolgens een stijgende grote secunde. De toonzettingen van de responses bevatten vaak subtiele muzikale tekstuitdrukkingen.

Final responses

Soms worden er aan het eind van de choral evensong *final responses* gezongen, de tekst daarvan is als volgt:

Precentor: *The Lord be with you:*
Answer: *And with your spirit.*
Precentor: *Let us bless the Lord:*
Answer: *Thanks be to God!*

24 | COLLECTS/COLLECTA-GEBEDEN

'Lighten our darkness, we beseech thee, O Lord.'
DERDE COLLECTAGEBED CHORAL EVENSONG

Direct na de versicles volgen de *collects* (collectagebeden). Het eerste is het gebed van de dag (*Collect of the Day*). Dit is (meestal) het gebed dat ook op zondag wordt gebeden in de eucharistieviering aan het eind van de dienst van de voorbereiding. Het woord 'collects' of collecta lijkt sterk op collecte, de geldelijke inzameling, maar heeft in dit verband een andere betekenis. Het is een verzameling of samenvatting van de gebeden die voor God wordt gedragen.

Een andere naam voor collectagebed is zondagsgebed, omdat in dit gebed de overgang wordt gemaakt naar het eigene van de zondag. Het collectagebed heeft vanouds niet alleen een plaats in de viering op zondagmorgen, maar keert de hele week terug in de getijden. Zo schijnt de gloed van de zondag als het ware over de andere dagen van de week.

Een belangrijk kenmerk van deze gebeden is het gedenkende karakter. De structuur is ontleend aan de joodse traditie. Wat gedenken in de liturgie inhoudt, is mooi onder woorden gebracht door Paul Oskamp:

> Gedenken wil zeggen: wij beroepen ons op Gods heilsdaden in het verleden, om Hem daar in het heden aan te houden, en om zo moed voor de toekomst te vatten. Verleden, heden en toekomst: het gelovig gebed omspant de tijden. (...) Gedenken is een sleutelwoord om een goed begrip te krijgen van wat liturgie is.[38]

Als voorbeeld geef ik het collectagebed voor Pasen weer.

Almighty God,
who through thine only begotten Son Jesus Christus hast overcome death,
and opened unto us the gate of everlasting life:
We humbly beseech thee,
that as by thy special grace preventing us

38 Paul Oskamp, 'Gebeden en gaven', in: Paul Oskamp en Niek Schuman (red.), *De weg van de liturgie. Tradities, achtergronden praktijk*, Zoetermeer, 1998², 217-225, 220.

thou dost put into our minds good desires,
so by the continual help we may bring the same to good effect;
through Jesus Christ our Lord,
who liveth and reigneth with thee and the Holy Ghost,
ever one God, world without end.
AMEN.

Het collectagebed voor Pasen in het *Dienstboek*:[39]

O God,	*[aanroep]*
op deze dag	*[gedachtenis]*
hebt Gij voor ons de toegang geopend	
tot het ware leven:	
overwonnen is de dood door uw Eniggeboren Zoon.	
Nu wij opgewekt zijn opstanding vieren	*[bede]*
vragen wij U ons zo te vernieuwen	
door de Geest van uw Zoon,	
dat wij bij licht en bij donker	*[doel]*
met overgave U kunnen eren en dienen.	
Door onze Heer Jezus Christus, uw Zoon	*[afsluiting]*
die met U in de eenheid van de heilige Geest	
leeft en regeert in de eeuwen der eeuwen.	
AMEN.	*[acclamatie]*

Oud-Katholiek Kerkboek:[40]

God,
op deze dag hebt Gij door uw eniggeboren Zoon de dood overwonnen
en ons de toegang tot het eeuwig leven ontsloten.
Laat ons, die met vreugde
de dag van zijn verrijzenis vieren
door uw Geest vernieuwd U dienen
Door onze Heer Jezus Christus, uw Zoon,
die met U in de eenheid van de heilige Geest
leeft en regeert in de eeuwen der eeuwen.
AMEN.

39 *Dienstboek - een proeve. Schrift, maaltijd, gebed*, 359.
40 *Kerkboek van de Oud-Katholieke Kerk van Nederland*, Baarn 1993, 148.

Opbouw collectagebeden

Het collectagebed kent zes elementen, die ik hieronder weergeef. Ik volg hierin de toelichting op het gebed van de dag in het *Dienstboek*.[41]

1. De aanroeping

In het Nederlands is dit bijvoorbeeld 'Barmhartige God' of 'Trouwe God'. De Engelse collectagebeden beginnen vaak met 'Almighty Father', 'Almighty God' of 'O Lord'.

2. Een gedenkende toevoeging

Hierin wordt een eigenschap of daad van God beleden. Vaak is deze gebaseerd op de epistel- of evangelielezing van de dag.

3. Een bede voor de hele geloofsgemeenschap

4. Het doel

Vaak behelst dit een opdracht voor de bidder, ingeleid met 'opdat' of 'zodat'.

5. De afsluiting

Hierin wordt een beroep gedaan op Jezus Christus, bijvoorbeeld 'door Jezus Christus, onze Heer', 'through Jesus Christ our Lord'. Soms is de afsluiting uitgebreider, zoals in het bovenstaande gebed voor Pasen.

6. De acclamatie

De gemeente (of in de evensong het koor) zegt of zingt: 'Amen'.

De opbouw van het collectagebed heeft oude wortels. In ieder gebed klinkt een lofprijzing van Gods Naam of een gedachtenis van zijn grote daden. Rabbi Simlai zegt in de Babylonische Talmoed (Berachot 32a): 'Altijd moet een mens eerst lofprijzen van de Heilige – gezegend zij Hij – en dan pas bidden (vragen wat hij nodig heeft).'

Als voorbeeld wordt dan vaak het gebed van Mozes in Deuteronomium genoemd: 'HEER, mijn God, U bent begonnen uw dienaar uw grootheid en kracht te tonen. Welke god in de hemel of op aarde kan uw daden en uw macht evenaren?' En dan pas bidt hij: 'Sta mij toch toe over te steken en dat goede land aan de overkant van de Jordaan te zien.' In zekere zin is het gebed ook een opdracht aan degenen die het gebed bidden.

---

41 *Dienstboek – een proeve. Schrift, maaltijd, gebed*, Zoetermeer 1998, 870.

Tweede en derde collect

Het tweede gebed, *Collect for Peace* (Gebed om vrede), en het derde, *Collect for the Aid against perils* (Gebed om hulp tegen alle gevaren) zijn, afgezien van de spelling, sinds 1559 onveranderd gebleven. Al eeuwenlang klinken dus dagelijks dezelfde woorden in het gebed. De oorspronkelijke Latijnse teksten van de tweede en derde collect kwamen al voor in het *Gelasian Sacramentary* uit de zevende eeuw en zijn mogelijk zelfs nog ouder. De gebeden zijn overgenomen uit het *Sarum Breviary* en hebben via deze bron hun vaste plaats in de gebeden van de Church of England gekregen. Hieronder zijn de teksten en vertalingen van de *Collects* weergegeven.

Het tweede gebed bevat een verwijzing naar Johannes 14,27: 'Ik laat jullie vrede na; mijn vrede geef ik jullie, zoals de wereld die niet geven kan' (NBV).

BCP Second Collect	BCP Nederlands	Vertaling Sytze de Vries[42]
O God, from whom all holy desires, all good counsels, and all just works do proceed: Give unto thy servants that peace which the world cannot give; that both our hearts may be set to obey thy commandments, and also that by thee we being defended from the fear of our enemies may pass our time in rest and quietness; through the merits of Jesus Christ our Saviour. AMEN.	O God, van wien alle heilige begeerten, alle goede raadslagen en alle deugdzame daden voorkomen; geef uwen dienaren dien vrede, welke de wereld niet geven kan, opdat zowel onze harten geneigd worden tot gehoorzaamheid aan uwe geboden, als ook dat wij door U tegen de vrees voor onze vijanden beveiligd in rust en vrede ons leven leiden mogen, door de verdiensten van Jezus Christus, onze Heer. AMEN.	O God, de bron van ieder waarachtig verlangen, van elk juist oordeel en van alle goede daden, geef uw kinderen de vrede die de wereld hun niet biedt. Dan is ons hart bereid de weg van uw gebod te gaan en zullen wij, bevrijd van vrees voor wie ons dreigt, ons leven leven gerust en stil door Jezus Christus, onze Heer. AMEN.

Het derde gebed heeft verwantschap met Psalm 13,4: 'Lighten mine eyes, that I sleep not in death', 'Verlicht mijn ogen, dat ik niet in doodsslaap wegzink' (NBV).

42 *Amsterdamse Katernen* 25, z.j., 32.

BCP Third Collect	BCP Nederlands	Vertaling Sytze de Vries
Lighten our darkness, we beseech thee, O Lord; and by thy great mercy defend us from all perils and dangers of this night; for the love of thy only Son, our Saviour Jesus Christ. AMEN.	Verlicht onze duisternis, smeken wij U, o Heer! En bescherm ons, door uwe grote ontferming, tegen alle moeilijkheden en gevaren van deze nacht; ter liefde van uwe enige Zoon, onze Zaligmaker, Jezus Christus. AMEN.	Dit bidden wij: dat Gij, God, onze duisternis verlicht! Laat uw erbarmen onze afweer zijn tegen de listen en de lagen van de nacht die komt. Omwille van de liefde van uw enige Zoon, en onze Redder Jezus Christus. AMEN.

Ieder gebed wordt door het koor beantwoord met een meerstemmig gezongen amen, waarvan het derde meestal melismatisch getoonzet is. Zie als voorbeeld opnieuw de toonzetting van William Byrd:

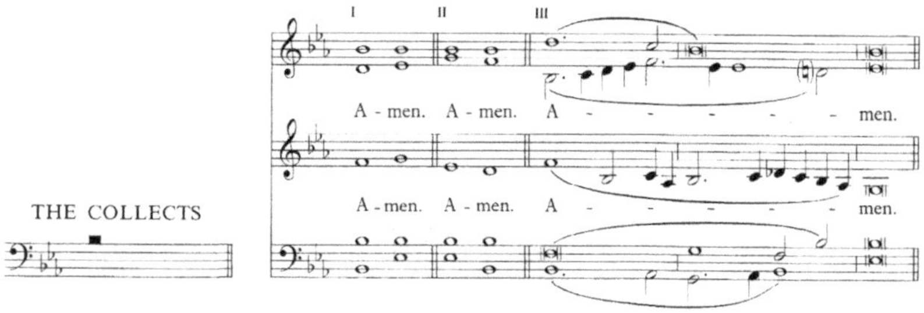

Fragment uit de preces en responses van William Byrd.

Soms wordt er een extra collectagebed aan de gebeden toegevoegd, bijvoorbeeld in de Veertigdagentijd. Dat krijgt dan een plaats aan het begin.

In de praktijk

Een praktische vraag is: waar vind je de *collects of the day?* In het *Book of Common Prayer* zijn voor de zon- en feestdagen collectagebeden te vinden. Het *Book of Common Prayer* is te raadplegen op de website van de Church of England. Het is ook mogelijk om voor *Common Worship* te kiezen. Nederlandse versies zijn bijvoorbeeld te vinden in het *Dienstboek – een proeve*, het *Oud-Katholiek Kerkboek* (OKK), of het *Romeins Missaal*. Ook het *Dienstboek* is online te raadplegen, via de website theologie.nl.

In de Nederlandse protestantse evensongpraktijk is het bidden van de collects vaak los komen te staan van de zondagmorgen, omdat er dan in veel gemeentes geen collectagebed wordt gebeden. Dit roept de vraag op of het niet vanzelfsprekend is om dit gebed 'met terugwerkende kracht' ook op zondagmorgen in te voeren. Ik zou er een pleidooi voor willen voeren om deze relatie te herstellen, zodat het bidden van het collectagebed in de evensong voortvloeit uit het bidden op zondagmorgen. Dan is er samenhang tussen de viering op zondagmorgen en de getijdenvieringen.

Als op zondagmorgen wel een zondagsgebed gesproken wordt, brengt dit een nieuwe vraag met zich mee, namelijk de vraag over het zingen of spreken. In de evensong wordt het collectagebed gezongen, waarom zou hetzelfde gebed op zondagmorgen dan gesproken worden? Als het even kan, zou ik ervoor pleiten om het op zondagmorgen ook te zingen.

Tot slot een praktische opmerking. Als de evensong in het Engels wordt gehouden, is het te overwegen om niet alleen de Engelse tekst van het collectagebed, maar ook de Nederlandse versie uit bijvoorbeeld het *Dienstboek* af te drukken in het liturgieboekje. Zo gaat het gebed van de zondag de hele week mee. Bij interkerkelijke evensongs kom je soms voor keuzes te staan, als de collectagebeden onderling afwijkend zijn. Kies je dan voor de versie uit het *Book of Common Prayer*, het *Dienstboek*, het *Oud-Katholiek Kerkboek* of het *Romeins Missaal*? En wat doe je met feestdagen die niet in alle denominaties gevierd worden, en waarvoor in bijvoorbeeld het *Dienstboek* geen gebeden zijn opgenomen? Dit vraagt om een verdere doordenking en uitwerking.

25 | ANTHEM/KOORWERK

'In Quires and Places where they sing, here followeth the Anthem.'
BOOK OF COMMON PRAYER (1662)

Een karakteristiek onderdeel van de anglicaanse koortraditie is de *anthem*, een zelfstandig koorwerk dat in de choral evensong na de collectagebeden gezongen wordt. De anthem is pas later officieel toegevoegd aan de orde van de evensong. In het *Book of Common Prayer* uit 1662 staat het beroemd geworden zinnetje: 'In Quires and Places where they sing, here followeth the Anthem.'

Over de herkomst van de anthem bestaan verschillende opvattingen.

Choral evensong in Westminster Abbey, Londen.

Mogelijk is het woord afgeleid van het Griekse *antiphona* (antifoon) via het Oud-Engelse *antefn*, dat hetzelfde betekent. Er wordt wel verondersteld dat de anthem de plaats ingenomen heeft van de Maria-antifoon in de completen. Aardig is dat Geoffrey Chaucer (1343-1400) in de *Canterbury Tales* het woord *antym* laat vallen. Hij doelt daarmee op een van de Maria-antifonen. Een andere theorie, die eveneens heel aannemelijk klinkt, is dat de anthem in de plaats gekomen is van het motet. Een motet is een zelfstandig koorwerk, vaak op een bijbel- of hymnetekst. Sommige van de vroegste anthems waren motetten waarvan de Latijnse tekst vertaald was in het Engels.

Antifoon en anthem

In de voorreformatorische completenliturgie was een bijzondere plaats ingeruimd voor de Maria-antifonen. Dit zijn zelfstandige gezangen die niet dienden ter omlijsting van een psalm. De Maria-antifonen ontstonden in de elfde en twaalfde eeuw. Vermoedelijk is Hermann Contractus (1013-1054) de schrijver van de drie bekende antifonen 'Alma Redemptoris Mater', 'Salve Regina' en 'Ave Regina coelorum'. Vanaf de late middeleeuwen worden de completen afgesloten met een van deze Maria-antifonen of het 'Ave Maria'. De teksten werden oorspronkelijk gezongen op gregoriaanse melodieën, maar in de vijftiende en zestiende eeuw werd het gebruikelijk om de antifonen in polyfone toonzettingen te zingen. Aan deze bloeiende traditie kwam een einde tijdens de Engelse Reformatie. In *de Lincoln Cathedral Injuctions* van 14 april 1548 is een expliciet verbod opgenomen. Er mochten geen antifonen meer gezongen worden die gericht waren tot Maria of andere heiligen, alleen nog tot 'onze Heer'. Het Latijn moest, zoals eerder aangegeven, vervangen worden door het Engels en er kwam een verbod op melismen: iedere lettergreep mocht nog maar één noot hebben. Maar hiermee was het laatste woord nog niet gesproken. Blijkbaar ging men op deze plaats in de liturgie de Maria-antifoon missen, als moment van schoonheid. Men voegde daarom toch weer een koorwerk in, zij het met een andere tekst, vaak een bijbeltekst. Vermoedelijk was dit al aan het begin van de Engelse Reformatie het geval. Deze praktijk werd in de vierde editie van het *Book of Common Prayer* officieel toegestaan.

Werden de anthems in de beginperiode altijd a capella gezongen, in de zeventiende eeuw werd vaak een orgelpartij toegevoegd. Zo ontstond ook de mogelijkheid om delen solistisch, met orgelbegeleiding, te laten zingen.

Verse anthems en *hymn anthems*

Anthems waarin delen (verzen) voor een of meer solisten met orgelbegeleiding worden afgewisseld met delen voor *full choir*, worden *verse anthems* genoemd. Anders dan in de lutherse delen van Duitsland, waar de kerken in de grotere plaatsen niet alleen over een koor, maar ook over een instrumentaal ensemble beschikten, werden de koren in Engeland meestal alleen op orgel begeleid. Er waren enkele uitzonderingen. Zo bestond de Chapel Royal in Londen naast zangers ook uit instrumentalisten. Dat verklaart de aanwezigheid van strijk- en blaasinstrumenten in veel anthems van bijvoorbeeld Henry Purcell.

Vanaf ongeveer 1700 worden ook wel teksten van berijmde psalmen (*metrical psalms*) of hymns getoonzet als anthem. Deze anthems worden

Fragment uit de hymn anthem 'O, for a closer walk with God'.

hymn anthems genoemd. Voorbeelden daarvan zijn 'O, for a closer walk with God' van Charles Villiers Stanford[43] en 'Let all the world in every corner sing' van Ralph Vaughan Williams.

In de praktijk

De tekst van de anthem kan een bijbeltekst, een liturgische tekst of een vrije tekst zijn en wordt meestal gekozen bij de lezingen of de tijd van het kerkelijk jaar. Er zijn vele bloemlezingen met anthems verkrijgbaar. Alleen al het fonds van Oxford University Press is indrukwekkend, met onder meer *The New Church Anthem Book*, *The Easy Anthem Book* en *The Oxford Book of Flexible Anthems*. Daarnaast verscheen bij dezelfde uitgever een reeks albums voor specifieke periodes in het kerkelijk jaar. Wie bijvoorbeeld op zoek is naar passende anthems voor de Advent, kan *Advent for Choirs* raadplegen. Ook algemene bundels bevatten vaak stukken voor specifieke zon- en feestdagen. De meeste albums zijn voorzien van handige registers, waarin je onder meer op het kerkelijk jaar kunt zoeken. Aan al deze fraaie en praktische uitgaven kleeft één nadeel: het kan in de hand werken dat veel koren dezelfde werken gaan uitvoeren.

Bij het doorbladeren van albums met anthems valt het op dat de werken van Duitse componisten, zoals Johann Sebastian Bach en Georg Philipp Telemann, vaak in het Engels zijn vertaald. Een beroemd voorbeeld hiervan is 'Jesu, joy of man's desiring', een vertaling van het koraal 'Jesu bleibet meine Freude' uit cantate BWV 147. Dat is overeenkomstig het voorschrift dat de liturgie geheel in de volkstaal gevierd moet worden. Vandaag de dag wordt de muziek echter vaak in de oorspronkelijke taal gezongen. Zo worden er met regelmaat Latijnse of Duitse motetten uitgevoerd. Ook *Cantata Evensongs*, evensongs waarin een complete cantate als anthem wordt gezongen, zijn een geliefd fenomeen geworden. Voor de soms nog zeer jonge *choristers* brengt het zingen in een vreemde taal extra moeilijkheden met zich mee. Ik herinner me een repetitie, 's ochtends in alle vroegte, van de *boy choristers* van de kathedraal in Durham. Een van de stukken die geoefend werden, was 'Verleih uns Frieden' van Felix Mendelssohn Bartholdy. Voorafgaand aan de repetitie had James Lancelot, de toenmalige *Director of Music*, de volgende uitspraakregel op het bord geschreven: ei = [ie]; ie = [ei]. Het resultaat was een nagenoeg perfecte Duitse uitspraak!

43 Melodie *Scottish Psalter* 1635, bewerking C.V. Stanford (1852-1924) en tekst W. Cowper (1731-1800). Uit: F. Jackson (ed.), *Anthem for Choirs (I)*, Oxford, 1973, 142-145.

26 | PRAYERS OF INTERCESSION / GESPROKEN GEBEDEN

'Gebed is een zaak van de enkeling, gedragen door de gemeenschap.
Gebed is een zaak van de gemeenschap, gedragen door de enkeling.'
VAN DER SLUIS, TOMSON, VAN UDEN EN WHITLAU[44]

Na de anthem volgen de gesproken gebeden. In tegenstelling tot de eerdere gezongen gebeden gaat het hier niet om dagelijks terugkerende vaste gebeden. De voorganger formuleert de gebeden specifiek voor deze evensong. Hij of zij bidt niet namens zichzelf, maar namens de hele gemeenschap, als voorbidder. Zinnen als 'Ik bid U voor...' kunnen vanuit dat oogpunt beter vervangen worden door 'Wij bidden U voor...' Er kan gebeden worden voor de aanwezige gemeenschap, maar het is ook belangrijk om als het ware de vensters open te zetten naar de wereld. Er zijn vaste aandachtspunten: de kerk, zowel plaatselijk als wereldwijd, de wereld en de persoonlijke nood van mensen. Soms worden de gesproken gebeden uit onwetendheid volgens het model voor de zondagmorgenviering (*eucharist*) gedaan, dat wil zeggen dat verschillende intenties gevolgd worden door een acclamatie. In evensongs in Engeland worden de gebeden echter vaak volgens dit model, bondig, geformuleerd: oproep tot gebed, gebedsstilte, gebed in de collectastijl door de voorganger, allen stemmen in met 'Amen'.

Aan het eind van de gesproken gebeden in een doordeweekse evensong wordt de apostolische zegenbede, *the grace*, hardop door alle aanwezigen uitgesproken. Deze tekst is ontleend aan 2 Korinte 13,13:

The grace of our Lord Jesus Christ
and the love of God
and the fellowship of the Holy Ghost
be with us all evermore.
Amen.

44 Van der Sluis, Tomson, Van Uden en Whitlau (red.), *Elke morgen nieuw*, 11.

De genade van onze Heer Jezus Christus,
en de liefde van God
en de gemeenschap van de heilige Geest
zij met ons allen.
Amen.[45]

45 NBG 1951.

27 | HYMNS/GEZANGEN

'Hymn singing is by way of being a national institution in Britain, rather in the same way as cricket.'

ADAM FOX (1888-1977)
KANUNNIK VAN WESTMINSTER ABBEY

Het gezamenlijk aanheffen van de *hymns* in de evensong is een bijzondere ervaring. Alle aanwezigen mogen hun stemmen mengen met die van het koor, dat de liederen doorgaans meerstemmig zingt. Evensongbezoekers geven aan de liederen graag mee te zingen. Een Nederlandse evensong zonder hymns is eigenlijk niet voorstelbaar. Toch komt de hymn in de orde van de evensong volgens het *Book of Common Prayer* niet voor. De samenstellers van de eerste editie lieten de gregoriaanse hymne, die in de vespers nog een plaats had, weg en dat is nooit veranderd. Op plaatsen waar de orde van de evensong strikt gevolgd wordt, wordt geen hymne gezongen. Dat is onder meer in een aantal college chapels het geval. Maar tot vreugde van velen is er in veel andere kapellen, kerken en kathedralen de mogelijkheid om aan het begin of eind van de evensong een hymn te zingen. In Nederlandse choral evensongs worden soms zelfs wel vier of vijf hymns gezongen.

Geschiedenis

De anglicaanse kerk heeft het zingen van liederen buiten de psalmen niet onmiddellijk omarmd. Zij was daar zelfs opvallend laat mee. Dat geldt niet alleen voor de hymns in de evensong, maar ook voor die in het ochtendgebed en de eucharistieviering. Pas in 1820 werd het verbod op het zingen van hymns in de liturgie opgeheven.[46] Onder invloed van de Oxford Movement verdween bij de kerkleiders de weerstand tegen het zingen van gezangen in de liturgie. Men ontdekte namelijk dat het zingen van hymnen bijna net zo oud was als de christelijke kerk zelf.

Betekenis van het woord 'hymn'

'Hymne' is afgeleid van het Griekse woord *hymnos*, loflied (in het Engels: *Song of Praise*). Over het woord 'hymne' bestaat soms enige spraakverwarring. In het Nederlands wordt het woord doorgaans gebruikt als aanduiding voor vroeg-kerkelijke liederen, zoals 'Veni Creator Spiritus'.

46 *Encyclopaedia Britannica*, lemma 'Hymn'.

Deze liederen kenmerken zich door hun vorm: iedere strofe heeft vier regels van acht lettergrepen. De laatste strofe is vaak een trinitarische doxologie. Daarnaast kan er een plechtige lofzang mee worden bedoeld, zoals het Gloria. In het Engelse spraakgebruik is de betekenis van 'hymn' breder. De term wordt niet alleen gebruikt voor vroeg-kerkelijke hymnen, maar ook en vooral voor kerkliederen in de brede zin van het woord. Een kerkelijk liedboek heet dan ook *hymnal*. De traditionele anglicaanse hymn kenmerkt zich door vaste metrische schema's.

Soorten hymns

De Engelse hymns zijn in vier categorieën onder te verdelen, naast de metrical psalms: *psalm hymns*, *devotional hymns*, *liturgical hymns* en *gospel hymns*.

Metrical psalms

De geschiedenis van het anglicaanse liturgische strofelied begint met de rijmpsalmen, *metrical psalms* genoemd. De eerste Engelstalige psalmbundel verscheen in 1562. Toevallig of niet is dit hetzelfde jaar als waarin het Geneefse Psalter gereedkwam. Later kreeg deze Engelse berijming de bijnaam *The Old Version*. De 'Oude Berijming', zouden we in Nederland zeggen. Een van de bekendste psalmen hieruit is 'All people that on earth doth dwell', een berijming van Psalm 100 op de Geneefse melodie van Psalm 134. Buiten deze melodie hebben de Engelse psalmdichters nauwelijks gebruik gemaakt van de Geneefse melodieën. Dit heeft waarschijnlijk te maken met de strofebouw. De Franse psalmberijming kent een rijke variatie aan rijmschema's en strofevormen. In Engeland gaf men de voorkeur aan vaste en regelmatige metrums, waarover later meer.

Psalm hymns

Isaac Watts (1674-1748) wordt wel de vader van de hymn genoemd. Hij schreef vele liederen die bedoeld waren voor de liturgie, hoewel het zingen daarvan in de dienst op dat moment nog verboden was. Ook schreef hij een bundel met geestelijke liederen speciaal bedoeld voor kinderen. In 1719 verscheen Watts' bundel *Psalms of David imitated in the Language of the New Testament*. In deze *psalm hymns* legde Watts de psalmen christologisch uit. Hij kwam hierin tegemoet aan het toenemende verlangen om in de kerk Christus in liederen te bezingen. Een bekend voorbeeld van zo'n 'nieuwtestamentische psalm' is 'Jesus shall reign wher'er the sun' ('Jezus zal heersen waar de zon', *Liedboek* 871). Dit lied is gebaseerd op Psalm 72, maar Watts maakt duidelijk wie volgens hem de koning is die in deze psalm bezongen wordt: Jezus. De liederen van Watts worden nog altijd veel gezongen. Enkele van zijn bekendste liederen zijn: 'O God, our help in ages past' ('O God, die droeg ons voorgeslacht', *Liedboek* 90a), 'Joy to the World' en 'When I survey the wondrous cross' ('O kostbaar kruis, o wonder Gods', *Liedboek* 578).

Devotional hymns

In de eerste helft van de achttiende eeuw vond in Engeland een *Evangelical Revival* plaats. Er werden talloze nieuwe liederen geschreven, met name door de broers John en Charles Wesley (respectievelijk 1703-1791 en 1707-1788). Tezamen schreven zij meer dan zevenduizend liederen. Het uitgangspunt van de *devotional hymn* was dat de liedtekst de gedachten en gevoelens uitdrukt van degene die het lied zingt. De beweging waartoe de gebroeders Wesley behoorden, wordt het methodisme genoemd. Dit begon als een stroming binnen de anglicaanse kerk, maar werd aan het einde van de achttiende eeuw een zelfstandig kerkgenootschap, de Methodist Church.

Liturgical hymns

De negentiende eeuw was in tal van opzichten een periode van heroriëntatie. Op het gebied van kerkbouw en -inrichting, liturgie en kerkmuziek greep de anglicaanse kerk (en zij zeker niet als enige) terug op haar beginperiode en op bronnen uit de Vroege Kerk en de middeleeuwen. De Oxford Movement en met name de Cambridge Camden Society (opgericht in 1839) vervulden hierin een belangrijke rol. Vroeg-kerkelijke en middeleeuwse hymnen werden vertaald, onder anderen door de priester en lieddichter John Mason Neale (1818-1866). Deze liederen worden *liturgical hymns* genoemd. Bekende voorbeelden zijn de adventshymne 'Veni, veni Emmanuel' ('O come, o come Emmanuel') en 'Urbs beata Jerusalem' ('Blessed city, heavenly Salem').

De herontdekking van de oude hymnen viel niet bij iedereen in de smaak. Zo liet de organist en componist Samuel Sebastian Wesley zich ontvallen: 'Sommigen willen alle muziek uitbannen ten gunste van eenstemmige zang uit een periode van absoluut barbarisme, dat ze "gregoriaans" noemen. Die lui zouden Michelangelo recht in zijn gezicht zeggen dat Stonehenge volmaakte architectuur is. Deze verheerlijking van het verleden op de ruïnes van het heden is niet te rechtvaardigen.'[47]

---

47 R. Box, *Make music to our God*, Londen 1996, 59, geciteerd in Jan Valkestijn, 'De anglicaanse traditie', in: Jan Luth, Jan Pasveer en Jan Smelik (red.), *Het kerklied. Een geschiedenis*, Zoetermeer 2001, 123-163, 151.

Gospel hymns

De ontwikkeling van de *gospel hymn* is nauw verweven met de opwekkingsbewegingen in Amerika. Veel mensen die naar opwekkingsbijeenkomsten gingen, waren analfabeet. Er waren daarom eenvoudige liederen nodig die iedereen uit het hoofd kon meezingen. Een belangrijke verzamelaar van gospel hymns was Ira David Sankey (1840-1908). Hij bundelde een groot aantal van deze liederen, waaronder enkele van hemzelf, in *Sacred Songs and Solos*. Deze liederen werden in Nederland geïntroduceerd door Johannes de Heer, die vele ervan in een Nederlandse vertaling opnam in zijn liedbundel. Een voorbeeld hiervan is 'Safe in the arms of Jesus' ('Veilig in Jezus' armen').

Hymnals

De twee belangrijkste liedbundels die binnen de Church of England in gebruik zijn, zijn *The New English Hymnal* (NEH) en *Hymns Ancient and Modern*.

Hymns Ancient and Modern

De eerste editie van *Hymns Ancient and Modern* dateert uit in 1861. De invloed van de Oxford Movement is duidelijk waarneembaar: van de 273 liederen in totaal zijn er meer dan honderd een vertaling van vroeg-kerkelijke hymnen. De muzikale supervisor was William Henry Monk, de componist van het bekende lied 'Abide with me'. De liedbundel werd warm onthaald. Na een halve eeuw waren er al zestig miljoen exemplaren verkocht. In de twintigste en eenentwintigste eeuw werd *Hymns Ancient and Modern* diverse keren gereviseerd en uitgebreid. De meest recente editie, uit 2013, is getiteld *Ancient and Modern. Hymns and Songs for Refreshing Worship*. In het voorwoord schrijven de samenstellers: 'De moderne eredienst heeft liederen van zeer uiteenlopende inhoud en stijl omarmd.' Het doel van *Hymns Ancient and Modern* is enerzijds het 'in ere houden van de rijke traditie van het Engelse liedgoed' en anderzijds het aanbieden van 'het beste van nieuw liedmateriaal dat zowel grootschalige diensten als kleine informele bijeenkomsten kan verrijken'.

The English Hymnal

In 1906 verscheen de eerste editie van *The English Hymnal*. De hoofdredacteur van deze bundel was Percy Dearmer. Op een goede dag klopte hij aan bij de jonge en talentvolle componist Ralph Vaughan Williams met de vraag of hij de muzikale supervisor van de nieuwe bundel wilde worden. Dat was een gouden greep. Vaughan Williams componeerde een aantal nieuwe melodieën – in de eerste editie nog zonder daarbij zijn naam te vermelden – en verving een aantal dertien-in-een-dozijn-melodieën door frisse volksmelodieën, die hij samen met zijn collega en goede vriend Gustav Holst verzameld had. Een van de verschillen met *Hymns Ancient and Modern* was de opname van liturgische gezangen die op het gregoriaans gebaseerd waren. *The English Hymnal* wordt beschouwd als een mijlpaal in de geschiedenis van de anglicaanse kerk. Jan Valkestijn noemt deze bundel 'de banier van de *High Church*'.[48]

In 1933 verscheen een nieuwe editie en in 1986 werd *The English Hymnal*, na een belangrijke revisie, omgedoopt tot *The New English Hymnal.* Het werd bij deze gelegenheid onder meer uitgebreid met vele *Christmas carols*. In 2006 verscheen een aanvulling op deze bundel: *New English Praise.*

The Revised English Hymnal

In het voorjaar van 2022 werden *The New English Hymnal* en *New English Praise* vervangen door *The Revised English Hymnal.* Dit liedboek bevat ongeveer 680 liederen, waarvan er zo'n 185 nieuw zijn ten opzichte van de eerdere edities. In een videointerview, te zien op YouTube, vertelt kanunnik Martin Draper, anglicaans priester en voorzitter van de *English Hymnal Company Ltd.*, dat hij al sinds zijn jeugd in spiritueel opzicht is gevormd door zowel het *Book of Common Prayer* als het *English Hymnal.* Hij roemt de literaire kwaliteit van dit liedboek. 'Als je je gebeden opzegt, gaat het niet om de poëzie op zichzelf, maar het raakt mensen wel.' Hij hoopt dat iedere kerkganger dit boek zal aanschaffen: 'Het is een boek dat eeuwen omspant, van de derde tot en met de eenentwintigste eeuw. (...) Iedereen heeft het recht hier toegang toe te hebben.'

Het metrum

Engelse hymns kenmerken zich door een beperkt aantal metrische schema's. In veel Engelse liedbundels staat boven elk lied een afkorting of een reeks getallen, zoals '87 87'. Deze aanduiding heeft betrekking op het metrum, in het Engels *meter* genoemd. De individuele cijfers geven het aantal lettergrepen per regel aan en het aantal regels per strofe. De aanduiding met vier achten, '8-8-8-8', wil dus zeggen dat een strofe uit vier regels bestaat van acht lettergrepen. De drie meest voorkomende metrums zijn:

48 Jan Valkestijn, 'De anglicaanse traditie', in: Jan Luth, Jan Pasveer en Jan Smelik (red.), *Het kerklied. Een geschiedenis*, Zoetermeer 2001, 123-163, 152.

- *Common Meter* (CM): 8-6-8-6. Bijvoorbeeld: NEH 374, 'How sweet the name of Jesus sounds' (O Jezus, hoe vertrouwd en goed'). Dit is het meest gebruikte metrum.
- *Long Meter* (LM): 8-8-8-8. Bijvoorbeeld: NEH 319, 'O God whose loving hand has led'. In Nederland is deze melodie vooral bekend van het morgenlied 'Het nieuwe daglicht staat ons borg'. Ook de Geneefse Psalm 134 heeft de long meter als vorm, evenals alle vroeg-kerkelijke hymnen.
- *Short Meter* (SM): 6-6-8-6. Bijvoorbeeld: NEH 178, ''Tis good, Lord, to be here!'

De naam van de melodie

Naar goed Engels gebruik heeft elke melodie (*tune*) haar eigen naam. Deze traditie gaat terug op het *Ravenscroft Psalter* uit 1621. Dat is niet alleen een mooie traditie – melodieën worden zo als het ware een persoonlijkheid – maar ook nog eens erg praktisch. De naam kan een verwijzing zijn naar de componist, naar de tekst van het lied of naar bijvoorbeeld de plaats waar de melodie is ontstaan. Ralph Vaughan Williams vernoemde een van zijn melodieën naar zijn geboorteplaats, Down Ampney. De naam van de melodie wordt in klein kapitaal boven of onder de melodie vermeld. Oudere of buitenlandse naamloze melodieën zijn achteraf van een naam voorzien. De gangbare Engelse liedboeken zijn voorzien van een register met melodienamen, zodat je ook hierop kunt zoeken.

Descants

Het toppunt van feestelijkheid in een anglicaanse viering is voor veel mensen een bovenstem, gezongen door de sopranen: de befaamde *descant*. 'Een kippenvelmoment', zoals veel evensongbezoekers zeggen. In het voorwoord van *The New English Hymnal* is een opmerking gewijd aan de descant: 'Er zijn slechts enkele descants opgenomen, vanuit de overtuiging dat zulke verfraaiingen des te effectiever zijn als ze spaarzaam worden gebruikt.' Hier moest ik even om grinniken. In Nederland zouden we het liefst bij iedere hymn een descant zingen. Ik had het hierover met een organist uit Engeland. Hij vertelde dat in St Paul's in Londen slechts enkele keren per jaar een descant gezongen wordt: met kerst en als er een bijzondere dienst is, vaak in tegenwoordigheid van de koningin. Juist bij deze diensten is de BBC geregeld aanwezig om opnames te maken, en deze opnames worden ook in Nederland bekeken en beluisterd. Evenals de redactie van *The New English Hymnal* zou ik willen zeggen: hoed u voor overdaad!

In de praktijk

Het heeft vrij lang geduurd voordat Engelse hymns in vertaling in officiële Nederlandse kerkbundels zijn opgenomen. De *Hervormde Psalmen- en Gezangenbundel* (1938) liep hierin voorop, met ruim dertig Engelse hymns en zelfs enkele chants. Al vanaf zo'n honderd jaar daarvoor echter waren er initiatieven om Engelse liederen in Nederland onder de aandacht te brengen. De eerste vertalingen waren alleen beschikbaar via particuliere uitgaven.[49] Na de Tweede Wereldoorlog hebben met name Willem Barnard en Jan Willem Schulte Nordholt vele hymns vertaald. Een deel daarvan verscheen in het *Liedboek voor de kerken* (1973). De laatste jaren is het aantal vertalingen van Engelse liederen sterk toegenomen. In het *Liedboek – zingen en bidden in huis en kerk* (2013) zijn vele Engelse hymns in vertaling te vinden. Ook zijn er Nederlandse liedteksten van een Engelse melodie voorzien. In 2012 verscheen het eerste deel van Sytze de Vries' *Het liefste lied van overzee. Zestig vertalingen en nieuwe teksten op bekende Engelse melodieën.* Drie jaar later kreeg deze bundel een vervolg. Verder zijn in onder meer het *Oud-Katholiek Gezangboek* Nederlandse vertalingen van Engelse liederen te vinden.

Het is opvallend dat er, ondanks de grote hoeveelheid vertalingen, uit het evensongonderzoek blijkt dat er op veel plaatsen de voorkeur aan wordt gegeven om de hymns in het Engels te zingen.[50]

'De choral evensong ervaar ik als een eerbiedig en ootmoedig moment om de Heere groot te maken. Om te buigen voor Zijn liefde en majesteit. En om in Hem alleen de rust te vinden.'

BEZOEKER EVENSONG

'Gezien het feit dat ik steeds minder heb met het fenomeen Kerk, is de Evensong voor mij een perfecte oplossing. Veel muziek, maar ook wel tijd voor spiritualiteit.'

BEZOEKER EVENSONG

49 Hierover gaat hoofdstuk 2 van mijn proefschrift.
50 *Choral Evensong Experiences Onderzoek* Hanna Rijken.

28 | SERMON OR ADDRESS / OVERWEGING

'Art, as we have known it, stands on the treshold of the transcendental. It points beyond this world of accidental and disconnected things to another realm (...). Nobody who is alert to beauty, therefore, is without the concept of redemption – of a final transcendence of mortal disorder into a 'kingdom of ends.'

ROGER SCRUTON[51]

Op zondagen wordt er in Engeland vaak een preek aan de evensong toegevoegd, *Sermon* of *Address* genoemd. Op de orde van dienst staat dan *Evensong & Sermon*, of *Evensong & Address*. In het *Book of Common Prayer* wordt de preek niet genoemd bij het avondgebed. Het is een latere toevoeging. De preek wordt helemaal aan het eind gehouden, vaak tussen twee slotliederen. Men noemt dit ook wel *a sermon in a hymn sandwich.*

Tijdens het tweede slotlied vindt dan vaak de collecte (inzameling) plaats. De collecte wordt naar het altaar gebracht, waar de priester inmiddels klaar staat om de *blessing* uit te spreken.

In de praktijk

In Nederland wordt meestal de doordeweekse evensong-variant overgenomen, zonder preek. Wanneer de evensong als zondagmiddag- of avonddienst wordt gehouden, wordt vaak wel een preek gehouden. Als men in Nederland kiest voor een evensong met preek, wordt deze vaak direct na het Nunc dimittis geplaatst. Hiermee wordt echter de structuur en de doorgaande lijn van het avondgebed onderbroken. Niet voor niets wordt de preek in Engeland aan het eind van de viering gehouden.

51 Roger Scruton, *Beauty. A very short Introduction*, Oxford, 2011, 156.

29 | BLESSING/ZEGEN

'The Lord bless you and keep you.'

NUMERI 6,24

Op zon- en feestdagen is er vaak een uitgebreide *dismissal and blessing*, wegzending en zegen, helemaal aan het eind van de choral evensong. Het is gebruikelijk dat de voorganger dan ook het kruisteken maakt. De tekst van een dergelijke dismissal is hieronder opgenomen. Het gaat hier om een wegzending die gebruikt wordt rond Driekoningen:

May God the Father
who led the wise men by the shining of a star
to find the Christ, the Light from light
lead you in your pilgrimage to find the Lord.
AMEN.
(...)
May the light of the glorious gospel of Christ
shine in your hearts and fill our lives with his joy and peace.
AMEN.
And the blessing of God almighty
the Father, the Son and the Holy Spirit
be among you and remain with you always.
AMEN.

Ook in Nederland zijn uitgebreidere zegenbeden bekend. Ik geef twee voorbeelden, afkomstig van de Nationale Raad voor Liturgie in 's-Hertogenbosch.

Moge de vrede van God die alle begrip te boven gaat
uw harten en gedachten behoeden
door de kennis en liefde van God en zijn Zoon
onze Heer, Jezus Christus.
AMEN.
Zegene u de almachtige God
Vader, Zoon en heilige Geest.
AMEN.

Moge de almachtige God u in zijn goedheid zegenen
en u een geest van heilzame wijsheid schenken.
AMEN.
Moge Hij u voortdurend sterken
door het onderricht in het geloof
en u volharding schenken in het goed.
AMEN.
Moge Hij uw schreden richten op zijn weg
en u leiden tot vrede en liefde.
AMEN.
Zegene u de almachtige God
Vader, Zoon en heilige Geest.
AMEN.

Of, volgens Numeri 6,24-27 (NBG):

De HEER zegene u en behoede u;
de HEER doe zijn aangezicht over u lichten en zij u genadig;
de HEER verheffe zijn aangezicht over u en geve u vrede.

Achtergrond

Zegenen gebeurt in de Bijbel in figuurlijke zin vaak op de drempel, als er een nieuwe situatie ontstaat. Als Abram geroepen wordt om te gaan, als Jakob op het punt staat zijn tweelingbroer Esau na vele jaren weer te ontmoeten. Ook in de kerk wordt de zegen gegeven op de drempel, bij de overgang van de kerkdienst naar de 'dienst in de wereld'.

In de praktijk

Het geven van de zegen gaat, ook in de christelijke liturgie, gepaard met een teken: het heffen van de handen en/of het maken van een kruisteken. Ook de gelovigen kunnen een kruisteken maken. Het woord 'zegen' is ontleend aan het Latijnse *signum* (teken). Het Engelse woord *sign* zit daar nog dichter tegenaan. Zegen en teken zijn dus aan elkaar verwant. Bij een van de evensongs in Utrecht was een toerist uit Spanje te gast. Bij het weggaan zei hij: 'Ik heb de zegen gemist.' Hij bedoelde dat de voorganger geen kruisteken had gemaakt. Hierin wijkt de protestantse traditie in Nederland af van de anglicaanse en katholieke traditie.

30 | **ORGAN VOLUNTARY/ ORGELSPEL**

'Loud organs, his glory
Forth tell in deep tone,
And sweet harp, the story
Of what he hath done.'

SIR HENRY W. BAKER (1821-1877),
UIT DE HYMN 'O PRAISE YE THE LORD'

Tot besluit van de evensong klinkt er orgelspel. De *Organ Voluntary* is vaak een feestelijk werk, maar kan ook een ingetogen compositie of een improvisatie zijn, al naar gelang de tijd van het kerkelijk jaar. Tijdens de voluntary vindt de recessie (teruggang) van voorgangers en koor

Interieur met orgel in de kathedraal van Lincoln. (Foto: Hanna Rijken)

plaats. Alle aanwezigen blijven staan tot het einde van de recessie en worden daarna uitgenodigd om te gaan zitten en naar het orgelspel te luisteren. In St Paul's Cathedral worden de evensongbezoekers verzocht stil te blijven, door middel van een tekst in het liturgieboekje: 'Als u de kerk wilt verlaten, help dan degenen om u heen die willen luisteren of bidden door niet in de *Dome area* (de ruimte onder de koepel) te staan of te lopen.' Verderop staat het zinnetje: 'Neem deze orde van dienst alstublieft mee om te kunnen reflecteren op de lezingen en gebeden, en als aandenken aan uw bezoek.'

'Wij, de Scholieren van David, ervaren eigenlijk tijdens iedere Evensong in de Janskerk dat er iets gebeurt dat in geen enkele taal te vangen is. Als de klok uitgeluid is, als de koorkamer opengaat en het koorgebed van verre klinkt, als het koor binnenkomt of als de orgelimprovisatie klinkt, gebeurt er iets met ons, en kennelijk ook met die mensen die van binnen of van buiten de Kerk zijn gekomen. Er gebeurt iets waar eigenlijk geen 'kerkelijk draagvlak' meer van belang is. Het heeft iets te maken met Inspiratie, met Spiritus Sanctus. Een, zo u wilt, dé Heilige Geest helpt ons mee uit te stijgen boven al ons gedoe, al ons geharrewar over zingen in het Nederlands of in het Engels, over kerkdienst of kerkconcert en over het gebedel om centen en ga zo maar door. En Hij neemt ons mee op zijn vleugels, het lijkt wel of ook Hij geïnspireerd raakt door Schoonheid. Wij stijgen even uit boven alle gebrokenheid van Gods Schepping, wij ervaren soms even iets van wat 'Love divine' is. Het is op dat moment ónze bijdrage aan de nood van de wereld, ónze manier om helend en heilzaam te zijn, ónze mogelijkheid om de scherven van verdriet, ziekte en pijn hun weg te laten vinden tot 'De Roos van Kristal'. Wij 'laven' én wij worden zelf 'gelaafd'.

En wij 'loven'! Of ik dat nu wil of niet, of ik er me van bewust ben of niet, er is maar één reden waarom ik (en ik denk dat dat voor ieder levend wezen geldt) op aarde rondloop: dat is om mijn Schepper te 'loven'. Alleen dán kom ik tot mijn recht. Soms, als ik alles loslaat, van prestige en macht, van gelijk willen hebben, van eerzucht, van het verwerven van een positie of aanzien, kan ik dat even in mijzelf als de enige echte waarheid laten doordringen. Dan zie en hoor ik een prachtige symfonie van kleuren en kristallen. Dan is er geen pijn meer, geen ziekte, geen dood: a spotless Rose, a Rose of Crystal.'[52]

GERT OOST

52 Gert Oost, *'My Soul Doth Magnify the Lord'. Over het zingen van Engelse Evensongs in Nederland. Publikatie ter gelegenheid van het 10-jarig bestaan van de Schola Davidica Utrecht (met een inleiding van Pieter Oussoren)*, z.p., 1994.

DEEL IV
MUZIEK EN LITURGIE, RITUELEN EN REFLECTIE

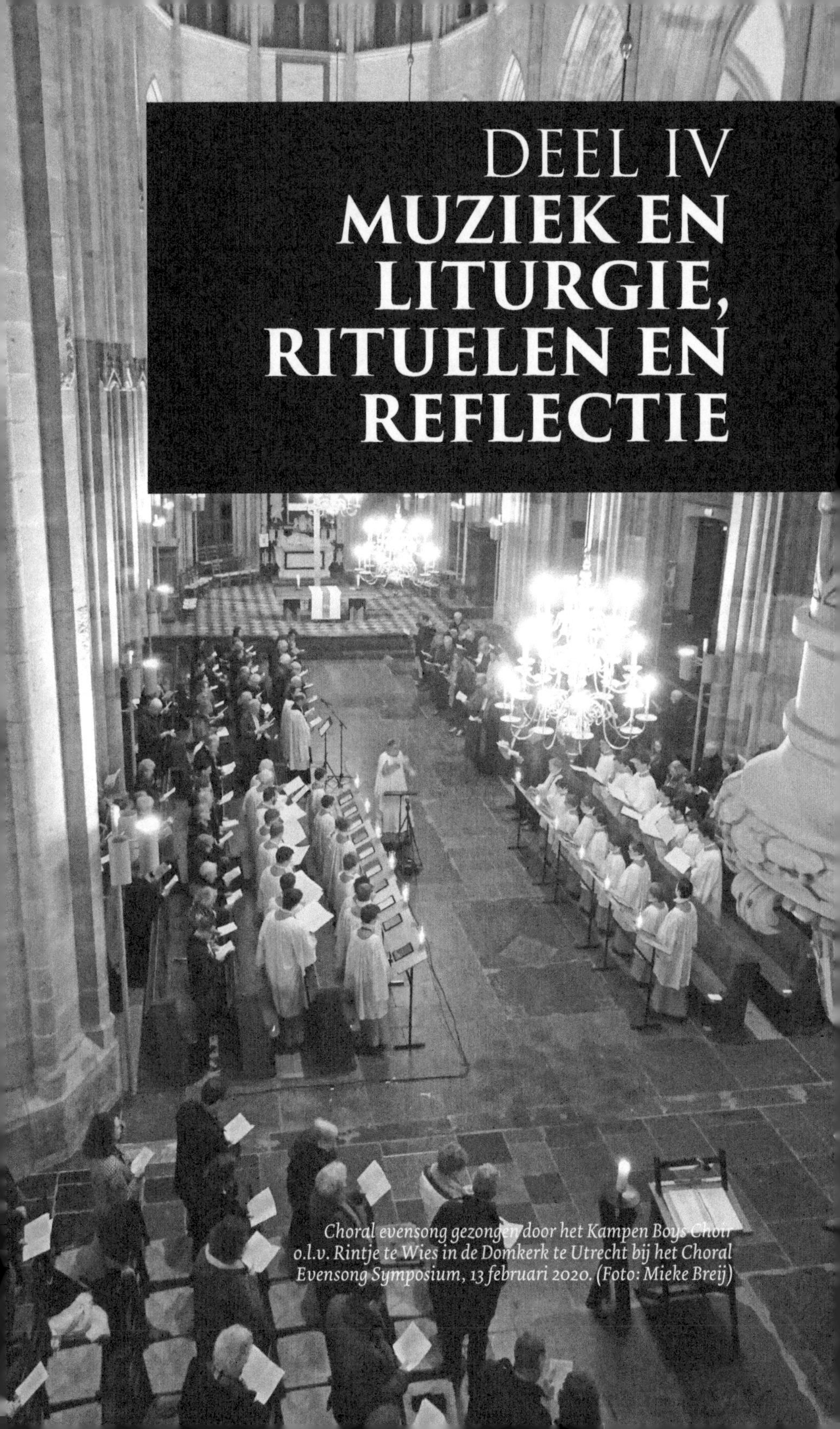

Choral evensong gezongen door het Kampen Boys Choir o.l.v. Rintje te Wies in de Domkerk te Utrecht bij het Choral Evensong Symposium, 13 februari 2020. (Foto: Mieke Breij)

31 | ENGELSE KATHEDRALE MUZIEK DOOR DE EEUWEN HEEN

'Het bijzondere van de choral evensong is de ijzersterke vorm, die zich bewezen heeft, waarin de meest recente muziek meteen een relatie moet aangaan met de oudere muziek in een viering, waardoor er een frisse wisselwerking ontstaat.'

WIJNAND VAN KLAVEREN[1]

De muziekgeschiedenis van Engeland vertoont vele parallellen met die van het Europese continent, maar kent, zeker wat betreft de kerkmuziek, ook een aantal eigen ontwikkelingen. Ik schets enkele hoofdlijnen.[2]

Engelse Reformatie – Tallis, Tye en Farrant

Voor de Reformatie klonk de koormuziek in het Latijn, in de polyfone stijl die kenmerkend is voor de Renaissance. Zoals al eerder genoemd, werd tijdens de Engelse Reformatie de volkstaal in de liturgie ingevoerd, wat betekende dat de teksten vertaald werden en componisten nieuwe toonzettingen gingen schrijven. Zij kregen de opdracht om 'voor iedere lettergreep één noot' te schrijven. Componisten uit deze tijd zijn onder meer Thomas Tallis, Christopher Tye (ca. 1505-ca. 1573) en Richard Farrant (ca. 1525-1580). In 1550 publiceerde John Merbecke zijn *Book of Common Prayer Noted.*

Tudor Kerkmuziek, 'Golden Age' – Byrd, Gibbons, Tomkins en Weelkes

De periode van de regering van Elizabeth I (1558-1603) wordt wel de '*Golden Age*' (Gouden Eeuw) van de Engelse kerkmuziek genoemd. In deze bloeitijd kunnen we componisten als William Byrd plaatsen. Byrd staat wel bekend als de 'Shakespeare van de muziek' of de 'Britanniae musicae parens' (*Father of British music*, vader van de Britse muziek). Hij was organist in de kathedraal van Lincoln en van de Chapel Royal. De

1 Uit een interview met de Nederlandse componist en arrangeur Wijnand van Klaveren, in het kader van mijn promotieonderzoek.
2 De indeling van deze paragraaf is gebaseerd op de indeling die Lionel Dakers hanteert in *The Chorister's Companion.*

'Great Service' is één van Byrd's uitgebreidste werken. Deze bevat toonzettingen voor de matins, eucharist en de evensong. De twee 'Evening Services' van Byrd, allebei vijfstemmig, staan bekend als de 'Second Service' en 'Third Service'. De 'Second Service' is van historische waarde, want het is het vroegst bekende voorbeeld van een *verse service*: sologedeeltes worden afgewisseld met delen (*verses*) voor koor. Dit principe paste Byrd ook toe in een aantal anthems, zoals bijvoorbeeld 'Teach me, o Lord'. Andere componisten uit de Golden Age zijn Orlando Gibbons (1583-1625), organist van Westminster Abbey. Van hem zijn de vaak gezongen werken 'Almighty and everlasting God' en 'Drop, drop slow tears'. De preces en responses van Thomas Tomkins (1572-1656), leerling van Byrd en organist in Worchester Cathedral, worden tot op de dag van vandaag vaak gezongen. Thomas Weelkes (1575-1623), organist van Winchester en Chichester Cathedral, schreef vermoedelijk het bekende werk 'Let thy merciful ears, o Lord'.

The Restoration – Blow en Purcell

De Commonwealth (1649-1660) betekende een breuk in de kerkmuziek. De puriteinen verwierpen de koren en orgels en vernietigden veel koorbibliotheken. In 1660, toen Charles II de troon besteeg, werden de koren en kerkmuziek in ere hersteld. De belangrijkste componisten van The Restoration zijn John Blow (1649-1708) en diens zeer getalenteerde leerling Henry Purcell. Beiden waren organist van Westminster Abbey in Londen en zijn daar ook begraven. De muziek van Purcell is beïnvloed door de Franse stijl aan het hof van Louis XIV. Kenmerkend zijn de gepuncteerde ritmes. Bekende stukken van Purcell die vaak in de choral evensong worden gezongen zijn 'I was glad' en 'Hear my prayer, o Lord'.

De 18e eeuw – Georgian componisten: Handel, Greene en Boyce

Als geen ander drukte George Frideric Handel (1685-1759) zijn stempel op het muziekleven van het achttiende-eeuwse Engeland. Dat kwam niet alleen door het enorme succes van zijn vele oratoria en opera's, maar ook doordat zijn stijl nog lang na zijn dood werd geïmiteerd door anderen. Tot de beste componisten van Engelse kerkmuziek in de *Georgian Era* (genoemd naar de opeenvolgende koningen George I, II, III en IV) behoren Maurice Greene (1696-1755), organist van St Paul's Cathedral in Londen, en William Boyce (1711-1779). In deze periode verslechterde de situatie van kerkmuziek. Er was weinig financiële ondersteuning. Het koor van St Paul's, dat ooit uit 42 zangers bestond, telde nu nog maar zes zangers. Samuel Wesley (1766-1837) schreef zijn stuk 'Blessed be the God and Father' voor Pasen in Hereford Cathedral oorspronkelijk voor jongensstemmen en één bas, namelijk de butler!

De 19e eeuw – Het Victoriaanse tijdperk, Wesley, Goss, Walmisley en Stainer

In 1837 besteeg koningin Victoria (1819-1901) de troon. Zij en de prinsgemaal Albert (1819-1861) waren grote liefhebbers en bevorderaars van kunst en cultuur. Op een bekend schilderij is te zien hoe prins Albert het orgel in Buckingham Palace bespeelt, terwijl Felix Mendelssohn Bartholdy (1809-1847) toekijkt. Nadat de kerkmuziek binnen de anglicaanse kerk rond het jaar 1800 een dieptepunt bereikt had, kwam zij in de negentiende weer tot grote bloei. Enkele factoren droegen daaraan bij. In 1829 nam Joseph Alfred Novello (1810-1896) de muziekuitgeverij van zijn vader over. Hij bracht goedkope muziekuitgaven op de markt, waardoor componisten gestimuleerd werden om weer (voor de kerk) te gaan schrijven. Een andere factor die van betekenis was voor de heropleving van de kerkmuziek, was de oprichting van de Oxford Movement in 1833 en daaruit voortvloeiend de Cambridge Camden Society (CCS) in 1839. Onder invloed van de CCS ontstond er belangstelling voor de voorreformatorische kerkinrichting. Als gevolg daarvan kregen de koren gewaden aan en werden ze van de balkons naar het koorgedeelte van de kerk verplaatst. Ook de orgels werden naar het hoogkoor verplaatst, als deze nog op de westgalerij stonden. Bekende componisten uit de Victoriaanse tijd zijn onder anderen John Goss (1800-1880), John Stainer (1840-1901), Thomas Attwood Walmisley (1814-1856, vernoemd naar zijn peetvader, de componist Thomas Attwood) en Samuel Sebastian Wesley (1810-1876, zoon van Samuel Wesley). Wesley heeft zich ingezet voor de kerkmuziek in kathedralen en goede werkomstandigheden van musici.

The Great Awakening - Stanford, Parry en Wood

Het vierde kwart van de negentiende eeuw staat bekend als The Great Awakening. Het Engelse muziekleven werd op een hoger niveau gebracht door onder meer de oprichting van het Royal College of Music (RCM) in 1882. Ook de kerkmuziek profiteerde hiervan. Hubert Parry (1848-1918), Charles Villiers Stanford en Charles Wood (1866-1926) waren niet alleen alle drie als docent verbonden aan het RCM, ze waren ook belangrijke componisten van kerk- en wereldlijke muziek.

De 20e en 21e eeuw – Vaughan Williams, Howells, Britten en Rutter

Tot de generatie studenten van Parry, Stanford en Wood behoorden onder anderen Gustav Holst (1874-1934) en Ralph Vaughan Williams. Vaughan Williams was betrokken bij de publicatie van het *English Hymnal* in 1906. Daarnaast werden composities van zowel hem als Holst met veel succes uitgevoerd op het concertpodium. De oprichting van de Royal School of Church Music in 1926 gaf een belangrijke impuls aan de kerkmuziek. Door de komst van radio en televisie werd de Engelse kathedrale muziek wereldwijd bekend. Bekende Engelse componisten van kerkmuziek uit de twintigste en eenentwintigste eeuw zijn onder meer Benjamin Britten (1913-1976), Kenneth Leighton (1929-1988), James MacMillan (1959-), John Rutter (1945-) en Michael Tippett (1905-1988).

32 | VERSCHILLEN TUSSEN KATHEDRALE EN PAROCHIEPRAKTIJKEN

'... en het loopt uit op wat ik nu eenmaal in het Engels citeren moet: o worship the Lord in the beauty of holiness. Waarom móet ik dat in het Engels citeren, de taal van het Book of Common Prayer? Omdat ik dan weer in zo'n Britse kathedraal zit en het koor zingt de Evensong. Daar kan ik niet tegen met al mijn skepsis, dan ga ik onherroepelijk onderuit. Dan weet ik dat ik niet ongelovig wil zijn, zelfs niet kán zijn, ik houd het niet vol.'

WILLEM BARNARD, BIJ PSALM 96[3]

Als Nederlander met een voorliefde voor anglicaanse kerkmuziek zou je bijna over het hoofd zien dat de Church of England naast haar schitterende kathedralen en college chapels een veelvoud aan parochiekerken rijk is. Dit kunnen nevenkerken zijn in een stad waar een kathedraal staat, of grote en kleine kerken op het platteland. Een grotere parochiekerk die ver verwijderd is van een kathedraal, neemt haar functie soms over. Het aantal vieringen, het niveau van het koor, de grootte van de staf, et cetera, zijn dan vergelijkbaar met die van een kathedraal.

Het verschil tussen een kathedrale en parochiële praktijk bestaat natuurlijk niet alleen binnen de anglicaanse kerk. Het zingen van grote, meerstemmige liturgische werken was ook in de voorreformatorische traditie al voorbehouden aan goed opgeleide kathedrale koren. Het is juist eerder een eigenaardigheid van de (calvinistische) Reformatie te noemen dat de koren werden afgeschaft en gemeentezang de enige nog toegestane kerkmuziek was. Binnen het calvinisme werd het verschil tussen kathedraal en dorpskerk in feite opgeheven.

Enkele kenmerken van de liturgische praktijk in Engelse kathedralen[4]

Er zijn in Engeland ruim veertig anglicaanse kathedralen. Het woord 'kathedraal' is afgeleid van het Griekse *cathedra*, bisschopszetel. Een kathedraal is een bisschopskerk, en dat heeft consequenties voor de liturgie.

---

3 Barnard, *Psalmgetier*, 95.
4 Gebaseerd op Long, *The Music of the English Church*, 317-331.

Een kathedraal vervult niet alleen een plaatselijke functie, maar ook een regionale, landelijke of zelfs wereldwijde, denk aan St Paul's Cathedral in Londen. De kathedrale liturgie wordt in belangrijke mate gedragen door het koor, dat in de getijden namens de gemeenschap de lofzang gaande houdt. De koren zijn van hoge kwaliteit en bestaan uit kinderen (meestal jongens, maar steeds vaker ook meisjes) die de sopraanpartij zingen en volwassen mannen als alt, tenor en bas. In sommige kathedralen zingen ook vrouwelijke alten. De zangers repeteren dagelijks, vooral voor de jongens en/of meisjes geldt een veeleisend schema. Zo begint de eerste repetitie voor de *boy and girl choristers* van de kathedraal van Durham al om 7.50 uur in de morgen. Een dergelijk dagritme is mogelijk dankzij het feit dat aan iedere kathedraal een koorschool verbonden is. Zo'n school is meestal een kostschool, omdat de leerlingen afkomstig zijn uit de wijde omgeving. Dit is een groot verschil met de Nederlandse situatie, maar ook met die van de gemiddelde Engelse parochiekerk.

Andere kenmerken van de anglicaanse kathedrale praktijk zijn:

- het grote aantal vieringen. Op zondag drie of meer, op de meeste weekdagen één of twee, namelijk de matins en choral evensong. Koren zingen vaak zo'n dertig vieringen per maand. In Nederland is dat haast onvoorstelbaar.
- het hoge niveau van het koor. Het repetitietempo ligt hoog en de muziek stelt vaak hoge eisen aan de uitvoerenden. In de ochtend repeteert men voor de evensong diezelfde middag. Goed van blad kunnen zingen is een vereiste.
- het zingen van de vaste gezongen onderdelen, zoals de preces en responses en de canticles, in uitgebreidere zettingen door het koor.
- de verdeling van het koor in twee helften: de decani, daarmee worden de zangers aan de zijde waar de *dean*, de deken, zit (dit is de zuidkant) bedoeld, en de *cantori*, de zangers aan de noordzijde, bij de zetel van de cantor, de precentor. Deze verdeling komt voort uit de traditie om de psalmen over en weer te zingen, zoals dat in bijvoorbeeld kloosters nog steeds gebruikelijk is;
- het zingen van een anthem na de derde collect. In het *Book of Common Prayer* staat dit als optioneel aangegeven, maar in de praktijk wordt het zelden overgeslagen. 'Kathedrale' anthems zijn vaak langer en uitgebreider dan de werken die in de parochiekerken gezongen worden, maar niettemin zijn er ook onder de kleinere werken juweeltjes.
- het hoge niveau van de organisten;
- orgels die optimaal zijn uitgerust om het koor op te kunnen begeleiden en veeleisende solowerken te kunnen vertolken.

Enkele kenmerken van de liturgische praktijk in Engelse parochiekerken

In de anglicaanse *parish churches*, parochiekerken, is de muziek eenvoudiger en is de rol van het koor kleiner dan in kathedrale vieringen. De gemeente zingt mee met de preces en responses, psalmen, cantica en liederen. Soms wordt de toonzetting van John Merbecke nog gezongen, daarnaast zijn er veel nieuwe toonzettingen (ook unisono) gecomponeerd die eenvoudig genoeg zijn voor de gemeente. Om het samen zingen van de psalmen mogelijk te maken, zijn deze naar voorbeeld van het Geneefse Psalter in strofevorm op rijm gezet, de 'metrical psalms'. Daarnaast zijn enkele eenvoudige chants uit het *Parish Psalter* goed zingbaar voor de gemeente. Het Magnificat en Nunc dimittis worden eveneens strofisch of op een eenvoudige chant gezongen, en ook wel op een eenstemmige psalmtoon. Ten slotte worden er, meer dan in een kathedrale liturgie, hymns gezongen. Het strofelied is immers bij uitstek de vorm waarin zowel geoefende als niet-geoefende zangers kunnen deelnemen. De taak van de organist in een parochiekerk is in veel opzichten anders dan die van zijn kathedrale collega. Laatstgenoemde begeleidt vooral het koor en zorgt voor passende muziek tijdens, voor en na iedere viering. De *parish organist* moet in de eerste plaats de gemeentezang begeleiden en stimuleren, en daarnaast natuurlijk voor in- en uitleidende muziek zorgen.

In de praktijk

Bij choral evensongs in Nederland spiegelt men zich vooral aan de anglicaanse kathedrale praktijk. Dit uit zich bijvoorbeeld in het kopiëren van de gewaden en de repertoirekeuze van het koor of de cantorij. Opvallend is dat deze tendens ook in (protestantse) dorpskerken zichtbaar is. Zou hier echter niet beter een *parish*-praktijk passen? De gemeente wordt dan bij veel onderdelen uitgenodigd om mee te zingen. De cantica worden soms strofisch gezongen en de moeilijkheidsgraad van de muziekstukken is geschikt voor cantorijen met een gemiddeld niveau. Ook passen de te kiezen werken beter bij de akoestische omstandigheden en de orgels in dorpskerken.

33 | KERKELIJK JAAR

'Aan haar feesten kent men de christelijke kerk; niet aan haar mensen en niet aan haar meningen; aan haar lied meer dan aan haar dogma, aan haar getijden meer dan aan haar rechtsnormen.'

K.H. MISKOTTE[5]

Het kerkelijk jaar is een begrip dat in dit boek al een aantal keren ter sprake is gekomen, maar wat betekent het eigenlijk precies? In *A Chorister's Companion*, een boekje dat jonge koristen van kathedralen en colleges wegwijs moet maken in de tradities en liturgie van de anglicaanse kerk, wordt het kerkelijk jaar vergeleken met een agenda. Een jaar zonder verjaardagen en andere belangrijke gebeurtenissen zou er nogal saai en kleurloos uitzien. Zo is het ook in de kerk: feesten zorgen voor kleur en richting.

Het kerkelijk jaar is verdeeld in *seasonable time* en *ordinary time*. In het Nederlands noemen we dit 'sterke tijden' en 'tijd door het jaar'. Als je muziek uitzoekt voor een choral evensong, is het belangrijk om je eerst af te vragen: waar bevinden we ons in het kerkelijk jaar? Algemene koorwerken zullen vaak goed passen in de tijd door het jaar, maar bij de sterke tijden horen specifieke stukken, die soms van week tot week of zelfs van dag tot dag verschillen. Uiteraard geldt dit niet alleen voor muziek in de evensongs, maar in alle kerkelijke vieringen.

Seasonable time – sterke tijden

In de sterke tijden worden de belangrijkste christelijke feesten gevierd: Kerst, Pasen en Pinksteren. Aan zowel Kerst als Pasen gaat een periode van voorbereiding vooraf. De periode rond Kerst wordt kerstkring of *Christmas cycle* genoemd, de periode rond Pasen heet de paaskring of *Easter cycle*. Van alle christelijke feesten is Pasen het oudst. Dit feest vindt zijn oorsprong in het joodse Pesachfeest. Het kerstfeest is pas later ontstaan. Maar omdat het kerkelijk jaar begint met de kerstkring, bespreek ik deze als eerste.

5 K.H. Miskotte, *Feest in de voorhof*, Amsterdam, 1951, 8.

De kerstkring: Advent – Kerst – Epifanie

Advent

Het kerkelijk jaar begint op de eerste zondag van de Advent. De Advent is een periode van vier zondagen voorafgaand aan Kerst. Advent komt van het Latijnse *advenire* en betekent komst. De adventsperiode is een tijd van uitzien naar, verwachten van en voorbereiden op de komst van Jezus. Het gaat daarbij om de geboorte van het Christuskind in de kerstnacht, maar ook om de wederkomst van Christus. In het Engels wordt de wederkomst aangeduid als *Second Coming*. Bekende hymns die in de Advent gezongen worden, zijn onder meer 'Come Thou long expected Jesus' (NEH 3) en 'Lo He comes with clouds descending' (NEH 9).

In de Advent wordt het uitzien naar Kerst onder meer gesymboliseerd door het aansteken van kaarsen in een adventskrans: elke zondag wordt er een extra kaars aangestoken.

De liturgische kleur van de Advent is paars, de kleur van inkeer en boetedoening. Op de derde zondag van de Advent, Gaudete, breekt de kleur van Kerst al een beetje door en is de kleur roze. In de (eucharistie)-viering op zondagmorgen komt het Gloria te vervallen, het Halleluja wordt wel gezongen.

Een mooie traditie is het vieren van een *Advent Carol Service* aan het begin van de Advent. Bij binnenkomst krijgen alle bezoekers een nog niet brandende kaars. De viering begint in een donkere kerk. Na het eerste koorwerk worden de kaarsen een voor een aangestoken, zodat de kerk uiteindelijk prachtig verlicht is. Net als het *Festival of Nine Lessons and Carols* (zie hoofdstuk 38) bestaat de *Advent Carol Service* uit een opeenvolging van lezingen, liederen en koorwerken. Een belangrijk verschil is dat de geboorte van Christus nog niet aan de orde komt. Ook voor de Epifanie is een soortgelijke viering ontworpen, de *Epiphany Carol Service*.

Kerst en Epifanie

Met Kerst wordt de geboorte van Jezus Christus (Lucas 2,1-7) gevierd. Op dit feest wordt herdacht dat God naar de aarde gekomen is om mens te worden. Twaalf dagen later, op het feest van Driekoningen (6 januari), begint de periode van de Epifanie. Epifanie betekent 'verschijning', waarmee de verschijning van de Heer wordt bedoeld. Drie thema's staan in deze periode centraal: Driekoningen, de Doop van de Heer en de Bruiloft te Kana, waar Jezus zijn eerste wonder verrichtte. De kerstkring eindigt veertig dagen na Kerst met het feest van de Opdracht van de Heer, in het Engels ook wel *Candlemas* genoemd. In het hoofdstuk over het Nunc dimittis ben ik dieper ingegaan op dit feest.

De Paaskring: Veertigdagentijd – Goede Week – Pasen – Paastijd

Veertigdagentijd (Lent)

De paaskring begint op Aswoensdag, *Ash Wednesday*, zesenhalve week voor Pasen[6]. Aswoensdag luidt de periode in van de veertigdagentijd, *Lent*. Dit Engelse woord is verwant aan ons woord 'lente', dat slaat op het lengen van de dagen. De zondagen worden niet meegeteld in de veertig dagen, omdat er dan niet gevast hoeft te worden. De veertigdagentijd staat symbool voor de periode dat Jezus in de woestijn was (Matteüs 4,1-11). Ook in het Oude Testament is veertig een belangrijk getal. Zo trok het volk Israël veertig jaar door de woestijn en verbleef Elia veertig dagen in de woestijn. Al vanaf de Vroege Kerk is de veertigdagentijd een periode waarin degenen die in de paasnacht gedoopt gaan worden, zich hierop voorbereiden. Het is een tijd van vasten, bidden en liefdadigheid. De psalm die een vaste plek heeft in de liturgie van Aswoensdag, is Psalm 51. 'Wash me throughly', zoals deze psalm in het Engels begint, is door onder anderen George Frideric Handel en Samuel Sebastian Wesley op muziek gezet.

Het laatste gedeelte van de veertigdagentijd wordt vanouds passietijd genoemd, *Passiontide*. Het woord 'passie' is afgeleid van het Latijnse *passio*, ik lijd. De week voor Pasen wordt *Holy Week* genoemd, in het Nederlands Goede Week of Stille Week. Voor de christelijke kerk is dit de belangrijkste week van het jaar.

Goede Week

De Goede Week begint op Palmzondag of Palmpasen (*Palm Sunday*). Deze naam verwijst naar de palmtakken waarmee Jezus begroet werd toen Hij op een ezel Jeruzalem binnenreed. Naar een oude kerkelijke traditie wordt op Palmzondag het passieverhaal gelezen of gereciteerd.

Paastriduum (Easter Triduum, Paschal Triduum of Three Days)

Iedere dag van het Paastriduum of de Drie dagen van Pasen (Witte Donderdag tot en met Pasen) heeft een geheel eigen liturgie die rijk is aan rituelen. Evensongs worden er op deze dagen niet gehouden, pas op Paaszondag weer, daarom beperk ik me tot enkele hoofdlijnen.

Op Witte Donderdag (*Maundy Thursday*, ook wel *Holy Thursday* genoemd) wordt de instelling van het Avondmaal of de eucharistie (*Eu-*

6 De veertigdagentijd begint op Aswoensdag, maar in de lutherse traditie tellen ook de drie zondagen ervoor al naar Pasen toe: Septuagesima, Sexagesima en Quinquagesima.

charist) herdacht. Het verhaal van de voetwassing wordt gelezen, en in veel kerken vindt ook daadwerkelijk een voetwassing plaats. De liturgische kleur is wit, vandaar de naam Witte Donderdag. De Engelse naam *Maundy Thursday* verwijst naar de opdracht (*maundy* is afgeleid van het Latijnse woord *mandatum*) die Jezus gaf aan zijn leerlingen: 'Ik geef jullie een nieuw gebod: heb elkaar lief. Zoals ik jullie heb liefgehad, zo moeten jullie elkaar liefhebben' (Joh. 13,34). Deze tekst is door onder meer Thomas Tallis op muziek gezet. Een gezang dat in de katholieke traditie een vaste plek heeft in de liturgie van Witte Donderdag, is 'Ubi Caritas'. Meerdere componisten schreven een toonzetting van deze tekst, ook in het Engels voor gebruik binnen de anglicaanse kerk. Op Goede Vrijdag (*Good Friday*) worden de berechting en kruisiging van Jezus herdacht. De liturgische kleur is rood, als verwijzing naar het bloed van Christus, of zwart.

Pasen (Easter) en paastijd (Eastertide)

Het hoogtepunt van het paastriduum is de paaswake (*Easter Vigil*). Pasen is het grootste feest van de kerk, de opstanding van Christus uit de dood wordt dan gevierd. In de katholieke en anglicaanse kerk wordt Pasen, net als bijvoorbeeld Kerst, aangemerkt als hoogfeest (*Principal Feast*). De paastijd is een feestelijke tijd met veel halleluja's en feestelijke muziek. De liturgische kleur is wit. Binnen de paastijd vallen de feesten Hemelvaart (*Ascension Day*) en Pinksteren (*Pentecost* of *Whitsunday*). Pinksteren en *Pentecost* zijn afgeleid van het Griekse woord *pentecoste*, vijftig: de vijftigste dag van Pasen. Op dit feest wordt de uitstorting van de heilige Geest gevierd. De liturgische kleur is rood, als verwijzing naar het vuur waarmee de uitstorting van de Geest gepaard ging.

Ordinary time – tijd door het jaar

Een week na Pinksteren viert de kerk het feest van de heilige Drie-eenheid. Deze zondag wordt Trinitatis (*Trinity*) of Drievuldigheidszondag genoemd. Daarna begint een lange reeks 'gewone' zondagen. Deze periode wordt wel aangeduid als de 'groene tijd', vanwege de liturgische kleur. Groen staat voor groei en leven, het helpt christenen eraan te herinneren om te blijven streven naar groei in het menszijn. Ook de periode tussen Epifanie en de Veertigdagentijd is 'groen', maar daarbij gaat het om slechts een klein aantal zondagen. Als Pasen vroeg valt, komt deze periode zelfs vrijwel geheel te vervallen. In de anglicaanse kerk, en ook in de lutherse traditie, worden de zondagen in de zomer en de herfst geteld vanaf Trinitatis. In de laatste periode van het kerkelijk jaar vallen enkele belangrijke feest- en gedenkdagen: Allerheiligen (*All Saints*) op 1 november en Allerzielen (*All Souls*) op 2 november. Hervormingsdag (*Reformation Day*, 31 oktober) is geen officiële feestdag van de Church of England. De aanduiding 'feestloze helft van het jaar', die wel eens gebruikt wordt, is dus niet erg op zijn plaats, zeker niet als je rekening houdt met de belangrijke joodse feestdagen in de herfst. De zondag het dichtst bij 11 november wordt in Engeland *Remembrance Sunday* genoemd. Op deze zondag worden de slachtoffers van de beide Wereldoorlogen herdacht. Het kerkelijk jaar eindigt met een periode van enkele zondagen die Voleinding wordt genoemd, volgens de anglicaanse kalender *Sundays before Advent*. De laatste zondag van het kerkelijk jaar staat in het teken van het feest Christus Koning (*Christ the King*).

In hoofdstuk 8 zagen we al dat de samenstellers van het *Book of Common Prayer* de heiligenkalender sterk uitgedund hebben. Bij interkerkelijke evensongs die op een feest- of gedenkdag vallen, is het goed om rekening te houden met de wederzijdse kalenders.

34 | GEWADEN

'Ritual and sacrality go hand in hand.'

PAUL POST[7]

Het wordt een steeds vertrouwder beeld in protestants Nederland: koren die zich in Engelse koorgewaden hullen om de evensong te zingen. Ook koren die niet direct aan een kerk verbonden zijn, schaffen zich soms gewaden aan, of maken ze zelf. Vaak is een koorreis naar Engeland hiervoor de aanleiding. De eerste keer worden de gewaden geleend, maar op den duur vaak aangeschaft. Niet zelden gaat daar een discussie aan vooraf.

Engeland

Hoe zit het nu precies met de gewaden in de evensong? Laten we eerst kijken naar de gewaden van de voorgangers. De *minister* draagt wat we in Nederland toog en superplie (*cassock and surplice*) noemen. De toog is in dit geval een zwart gewaad. Wanneer er geen viering is, dragen de geestelijken een toog zonder wit bovenkleed (*superplie*). Vlak voordat de liturgie begint, wordt over de toog de superplie aangetrokken. De superplie is een verwijzing naar het doopkleed. De voorganger zal in de evensong over de superplie nog een zwarte *scarf* hangen. Een voorganger uit St Paul's Cathedral legde me eens uit dat de evensong als sobere viering geldt. De voorgangers dragen daarom geen liturgische kleuren, maar sober zwart. Een lekenvoorganger draagt een blauwe scarf. Soms draagt de voorganger of koorzanger bovendien een *hood* (een soort capuchon op de rug). Hieraan is te zien aan welke

Gewaad van de voorganger, links toog, superplie en scarf, rechts hood. (Foto's: Hanna Rijken)

7 Paul Post, 'From identity to Accent. The Ritual Studies Perpective of Fields of the Sacred', in: *PThl.* 33/1 (2013), 149.

universiteit men een graad behaald heeft. Acolieten dragen dezelfde gewaden, maar dan zonder scarf of hood. In de achttiende eeuw stonden veel koren op de koorzolder en waren ze niet zichtbaar voor de gemeente. Halverwege de negentiende eeuw werden de koren weer teruggeplaatst naar hun oorspronkelijke plek, het koor van de kerk. Vanaf dat moment gingen ze dezelfde gewaden dragen als de voorgangers en acolieten: toog en superplie. Koren hebben nu vaak een andere kleur toog dan de voorgangers, bijvoorbeeld *Queen's Red* (alleen bij *Royal Foundations*) of groen. De superplie die koorjongens dragen wordt ook wel *cotta* genoemd. Kenmerkend is de eenheid in de gewaden van de voorgangers, acolieten en koorzangers. Voor de koorzangers geldt eveneens dat pas vlak voor aanvang van de choral evensong de superplie over de toog wordt aangetrokken. Concerten of andere optredens worden niet in toog en superplie gezongen, maar alleen in toog of in kooruniform.

In de praktijk

Koren in Nederland nemen vaak de gewaden over uit Engeland. Op het oog zijn ze daardoor niet of nauwelijks van anglicaanse koren te onderscheiden. Toch zijn er verschillen. Zo kiezen sommige koren niet voor de combinatie toog en superplie, maar bijvoorbeeld voor een koormantel of een gewaad naar eigen ontwerp. Bij de Schola Davidica Utrecht draagt men bijvoorbeeld rode sjaals (wat het karakteristieke woord 'besjalen' heeft opgeleverd).

Een verschil met Engeland is dat voorgangers in protestants Nederland in de evensong vaak hetzelfde gewaad dragen als op zondagmorgen. Bijvoorbeeld een zwarte toga met witte bef, zoals in een hervormd-gereformeerde kerk, of een albe met stola in de kleur van het kerkelijk jaar, in een oecumenisch-protestantse context. Eenheid in de gewaden van de voorganger(s) en het koor is er zelden. Voorgangers en acolieten zouden kunnen overwegen om in de evensong ook toog en superplie te dragen, zodat er, als het koor ook toog en superplie draagt, eenheid ontstaat. Soms wordt een voorganger in Nederland gevraagd geen gewaad te dragen. In het hoofdstuk 'Dress' in mijn proefschrift ga ik dieper op deze kwesties in.

Een ander verschil met Engeland is dat de gewaden vaak niet van de kerk zijn, maar van het koor of van de voorganger zelf. Praktisch betekent dat dit de zangers (en voorgangers) steeds hun eigen gewaad moeten meenemen, of dat aan iemand overlaten met een grote auto of aanhangwagen. De vanzelfsprekendheid dat er gewaden in de kerk aanwezig zijn, is er in protestantse kerken in Nederland (nog) niet.

35 | TAAL

'Voor Engelsen en de Engelse reformatie is het buitengewoon on-Engels om in een Nederlandse Evensong Engels te zingen of te spreken.'

PIETER OUSSOREN[8]

Welke taal kies je in choral evensongs in Nederland, Engels of Nederlands? Deze vraag heb ik regelmatig te horen gekregen. In veel situaties in Nederland wordt de choral evensong geheel in het Engels gehouden. Niet alleen de gesproken en gezongen onderdelen, maar ook de aanwijzingen in het boekje zijn dan in het Engels geformuleerd, zoals *all stand* en *all sit*. Het kan zijn dat hiervoor gekozen wordt met het oog op internationale gasten of toeristen. Anderen wijzen erop dat de evensong een Engelse traditie is, die in het Engels *hoort*. Of men heeft in Engeland een mooie ervaring gehad, waarbij de klank van de Engelse taal ook een rol speelde.

Vanuit liturgisch oogpunt is het gebruik van een andere taal dan de volkstaal in evensongs in Nederland opmerkelijk. Enerzijds omdat in Nederland sinds de Reformatie in protestantse kerken en sinds het Tweede Vaticaans Concilie in rooms-katholieke kerken liturgie in de volkstaal gevierd wordt. En anderzijds omdat, zoals we in het hoofdstuk over de achtergronden van de choral evensong hebben gezien, liturgie in de volkstaal een belangrijk criterium was. Aartsbisschop Thomas Cranmer was geïnspireerd door de reformator Maarten Luther en introduceerde liturgie in de volkstaal. Ook de choral evensongs werden dus vanzelfsprekend in de volkstaal gezongen. In Nederland lijkt echter vooral het Engels, dus niet de volkstaal een karakteristiek te zijn. Dit is een interessant gegeven. Zou je, als je het typisch Engels wilt doen, de choral evensong juist wel of niet in de volkstaal moeten zingen?

Er is in Engeland ruim 450 jaar koormuziek voor de evensong gecomponeerd. Deze koormuziek vormt een belangrijk deel van de aantrekkingskracht van de evensong. Het ligt daarom voor de hand om de 'koordelen' in het Engels te zingen. Als er bij de gesproken onderdelen gekozen wordt voor het Nederlands, ontstaat er een bilinguale (tweetalige) vorm van liturgie.

In mijn proefschrift heb ik onderzocht waarom organisatoren in Ne-

8 Gert Oost, 'My soul doth magnify the Lord', 10.

derland vaak kiezen voor een compleet Engelse viering, met de traditionele taal uit het *Book of Common Prayer* van 1662. Ook dit is opmerkelijk, want er is al decennia een tendens gaande om te kiezen voor begrijpelijke, toegankelijke taal. Wat is de reden dat men in Nederland kiest voor een taal die niet de volkstaal is, en ook nog eens archaïsch?

Het is verhelderend om taal in de choral evensong als rituele taal op te vatten. In rituele taal zijn andere aspecten van belang dan in gewone taal. De teksten liggen vast en zijn, zeker in het geval van de evensong, al eeuwenoud. In het boek *Ritual and Religion in the Making of Humanity* formuleert de antropoloog Roy Rappaport verschillende kenmerken van een ritueel.[9] Deze kenmerken kunnen we ook toepassen als karakteristiek voor de rituele taal in de evensong. Rituele taal is geëncodeerd (dus door anderen dan de uitvoerders vastgelegd), formeel, performatief en invariabel. In mijn proefschrift voegde ik er een vijfde kenmerk aan toe, namelijk esthetisch. Sommige archaïsche liturgische teksten zijn geliefd, alhoewel ze mijlenver verwijderd zijn van hedendaagse formuleringen. Het gaat dan vooral om de ervaring van heiligheid en mysterie. We zouden dit *sens du sacré* kunnen noemen, een term die ontleend is aan Christine Mohrmann.[10] Het gaat, legt Mohrmann uit, om artistieke en spirituele mogelijkheden die veel meer in het domein van expressie liggen dan in het domein van communicatie en begrijpelijkheid. De antropoloog Richley Crapo gebruikt het woord 'aura' om de sacrale dimensie van archaïsche, liturgische taal te beschrijven.[11] Dat is een treffende beschrijving van de taal in de choral evensong.[12]

Op basis van de analyse van het veldwerk concludeerde ik dat de Engelse taal gekozen wordt vanwege de door de geïnterviewden ervaren schoonheid van klank, het oproepen van een ervaring van sacraliteit en vanwege de contrastervaring van het gebruik van de niet-volkstaal. Het anderstalige aspect van de Engelse taal vergroot een gevoel van mysterie. En daar lijkt een hunkering naar te zijn.

9 R.A. Rappaport, *Ritual and Religion in the Making of Humanity* (= Cambridge Studies in Social and Cultural Anthropology 110), Cambridge, 1999.

10 C. Mohrmann, *Liturgical Latin: its Origins and Character. Three Lectures*, Londen, 1957/1959.

11 R.H. Crapo, *Anthropology of Religion. The Unity and Diversity of Religions*, New York, 2003.

12 Deze alinea schreef ik voor het hoofdstuk '"O, Praise ye the Lord!" De Anglican Choral Evensong in Nederland', in: Bert Dicou, Claartje Kruijff en Joost Röselaers, *Ons leven vieren. Remonstranten en anderen over liturgie, met een ruime keus aan teksten en rituelen uit de praktijk*, Utrecht, 2019, 119-125.

36 | RUIMTE

> *'Christian liturgical prayer is directed to Christ, the rising sun, whose return is looked for.'*
>
> J. GOODALL[13]

In Engeland worden de evensongs gehouden in het koorgedeelte (*choir* of *quire*) van de kerk of kapel. De eucharistievieringen in de kathedralen vinden plaats in het schip (*nave*).

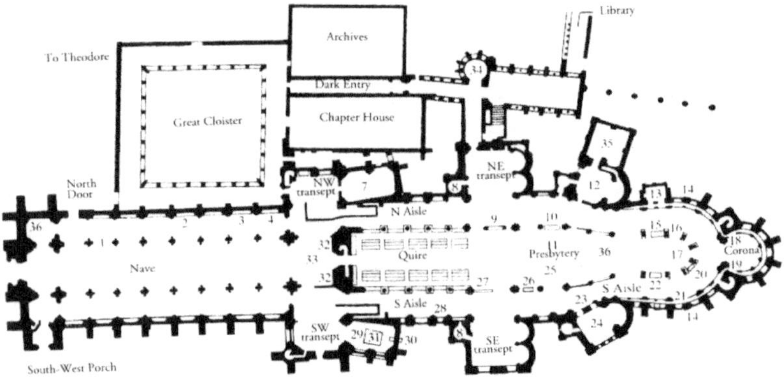

Plattegrond van de kathedraal van Canterbury.

Op de bovenstaande plattegrond van de kathedraal van Canterbury is goed te zien waar het koor (*quire*) zich bevindt: tussen de beide transepten. Een doxaal (*chancel screen*, een rijk versierde verhoogde opbouw, ook wel *jubee* genoemd) scheidt het koor van het schip. Er zijn ook kathedralen zonder doxaal, in dat geval heb je vanuit het schip een vrij uitzicht op de apsis of de oostmuur. Dat is bijvoorbeeld in St Paul's Cathedral het geval. Evenals een aantal andere Engelse kathedralen heeft de kathedraal van Canterbury twee transepten, met een vieringtoren op de kruising tussen het schip en het westertransept. De vakken met horizontale streepjes in het koor stellen de antifonaal opgestelde koorbanken voor. De zangers zitten of staan in de middelste banken, de kerkgangers nemen links of rechts van hen plaats. De banken zijn met lampjes of kaarsen verlicht. Er is visuele symmetrie met op de lengteas het altaar

13 Goodall, J., 'Orientation', in: Paul Bradshaw (eds.), *The New Westminster Dictionary of Liturgy & Worship*. Louisville/London, 2002, 361.

De kapel van St John's College Cambridge. De banken staan in 'kloosteropstelling', tegenover elkaar. (Foto: Hanna Rijken)

centraal in het oosten. Boven het altaar is vaak een kruis te zien. De lezenaar bevindt zich meestal ook op de lengteas.

Het orgel hangt soms aan weerszijden (de noord- en zuidkant) van het koor, direct boven de koorbanken. Dat is de situatie in bijvoorbeeld St Paul's Cathedral in Londen (sinds 1870, daarvoor stond het orgel op het doxaal). In andere gevallen hangt het orgel aan de noordkant van het koor, zoals in de kathedraal van Peterborough, of is het orgel op het doxaal geplaatst, zoals in York Minster.

Er is in Engeland een duidelijk onderscheid tussen de opstelling van het koor in de liturgie en tijdens concerten. In de liturgie staat het koor tegenover elkaar, zoals hierboven beschreven. De zangers staan niet voor het altaar, zodat het zicht daarop vrij blijft. Christus staat centraal.

In anglicaanse kerkbanken liggen voor de evensongbezoekers vaak verschillende boeken klaar: een *Book of Common Prayer*, een *New English Hymnal*, een liturgieboekje met de vaste onderdelen en een overzicht van welke koorwerken en liederen wanneer gezongen worden.

Kenmerkend voor het koorgedeelte of de kapel is kortom dat dit een gewijde ruimte is met:

- een altaar dat centraal staat,
- banken tegenover elkaar (het koor zit ook in de banken),
- een geschikt orgel in de buurt van het koor
- en eventueel kaarsen of schemerlampjes bij de koorbanken.

In de praktijk

Er zijn in Nederland maar weinig kerken die aan bovenstaande voorwaarden voldoen. Dat stelt degenen die hier een evensong willen houden voor een aantal moeilijkheden.

Evensongs worden vaak in monumentale kerkgebouwen gehouden. Veel van deze kerken zijn tijdens of na de Reformatie 'onttakeld'. Het zijn geen geconsacreerde kerkgebouwen meer. De kerken werden vaak ook gedesoriënteerd. Niet het altaar maar de preekstoel kwam centraal te staan en soms werden de banken of stoelen daaromheen gezet. In het hoofdstuk over het credo ben ik hier dieper op ingegaan. Een ander punt is dat de orgels in Nederlandse kerken vaak aan de westzijde hangen of staan, ver verwijderd van het koor. Dit maakt het moeilijk, zo niet onmogelijk om een koor te begeleiden. De gelijkheid is een probleem op zo'n afstand, maar ook de balans is ver te zoeken. De mensen die achter in de kerk zitten, zullen klagen dat de organist het koor overstemt, maar als hij of zij zachter registreert heeft het koor te weinig steun van het orgel. Een groeiend aantal kerken heeft inmiddels de beschikking over een Engels orgel dat in of vlak bij het koor van de kerk staat.

Onder invloed van de Liturgische Beweging kwam er in de protestantse kerken opnieuw aandacht voor de permanente opstelling van de avondmaalstafel voor de preekstoel, als een zichtbare herinnering aan het sacrament, ook wanneer het sacrament niet gevierd wordt. In veel protestantse kerkgebouwen komen de stoelen of banken echter nagenoeg tot aan de avondmaalstafel en is er geen ruimte voor het opstellen van een koor. Om met al deze hindernissen om te gaan, worden oplossingen gezocht. De avondmaalstafel wordt weggehaald en het koor wordt opgesteld op de plaats van de avondmaalstafel. Het koor komt daarmee op een centrale plaats te staan. Vanuit anglicaans oogpunt is dat een concertante opstelling, er wordt een onderscheid gecreëerd tussen 'podium en zaal'. Soms wordt het koor achter in de kerk gezet, onder de orgelgalerij, om de zang gelijk te krijgen en te mengen met het orgel.

In de anglicaanse kerk zijn in de negentiende eeuw onder invloed van de Cambridge Camden Society de kerkinrichting en ruimtelijke praktijken opnieuw doordacht. Ik denk dat het in protestants Nederland tijd is voor een dergelijke herbezinning.

37 | HOUDINGEN IN DE EVENSONG

'Zoals Gods woord ook zijn daden omvat, bestaat het antwoord van de gemeente erop ook uit meer dan alleen woorden. De opdracht voor de eredienst luidt niet alleen "verkondig" maar ook "doe dit". Liturgische handelingen – nemen, delen, breken, musiceren, zingen, bewegen, zitten, staan, knielen en spreken – zijn alle *onmisbare elementen van de eredienst en verdienen* alle *even grote zorgvuldigheid als woorden.'*

MARCEL BARNARD[14]

In de hoofdstukken 17 over de doxologie en 20 en 21 over de cantica ben ik al even ingegaan op de houdingen bij deze specifieke onderdelen. Voor de volledigheid geef ik hieronder een kort overzicht van de gebruikelijke houdingen bij choral evensongs in Engeland.

Allen staan:

- als cross and candles worden binnengebracht
- bij de preces en de doxologie (op sommige plaatsen wordt geknield bij de preces)
- tijdens de hymn(s)
- bij de doxologie na de psalm
- bij de cantica
- bij het credo (richting het oosten of liturgisch oosten)
- bij de groet van de responses
- bij de blessing
- tijdens de recessie van koor en voorgangers

Allen zitten:

- bij de lezingen (de lector staat)
- bij de anthem (het koor staat dan)

Allen knielen (of staan):

- bij de preces, tot de doxologie
- bij de responses, vanaf de oproep 'let us pray' (of zitten)
- bij de gesproken gebeden (of zitten)

---

14 Marcel Barnard, *Tot Gods Eer. Handreiking voor gesprekken over liturgie*, Utrecht, 2018, 21.

Koor en voorgangers buigen naar het altaar:
- als zij in het koorgedeelte zijn aangekomen
- voordat zij zich naar het westen keren

Bezoekers buigen naar het altaar:
- als zij de kerk binnenkomen, voordat ze de banken in schuiven
- als zij de kerk verlaten

In rooms-katholieke en oudkatholieke (en sommige anglicaanse) contexten is het gebruikelijk om een kruis te slaan bij:
- het zinnetje 'God, kom mij te hulp' (als het de opening van een getijdeviering is)
- het begin van de cantica

Bij 'Heer, open mijn lippen' wordt een kruisteken op de mond gemaakt.

In de praktijk

Over de houding bij het zitten (voorgangers en koor)

Een rooms-katholieke collega zei eens na een evensong in Nederland: 'Ik verbaas me erover bij oecumenische avondgebeden dat sommige protestantse collega's, als ze niet hoeven te lezen of te bidden, bijvoorbeeld tijdens de gezongen psalm, met de benen over elkaar gaan zitten, of onderuit gezakt gaan zitten. Even een momentje relaxen, voordat je zelf weer iets moet doen.' De voorgangers en het koor zijn als de monniken en monialen die het dagelijks gebed bidden. Het getijdengebed wordt gedragen wordt door de biddende gemeenschap. Daar hoort een biddende houding tijdens de psalmzang door het koor bij, en voor de koorzangers ook een gepaste houding tijdens de lezingen en gebeden.

Over de houding van de voorganger bij het spreken

Bijna alle teksten in de evensong zijn vastgelegd, ook bijvoorbeeld hoe de lezingen aangekondigd worden. Het is opvallend dat veel voorgangers in Nederland zich daar niet aan houden en steeds iets anders zeggen. Willem Barnard zei hierover in een interview dat voorgangers op zondagmorgen vaak niet beginnen met 'Genade en vrede...', maar met 'Ik mag u namens God groeten...' enzovoorts. Hij weet dit aan de praterigheid van het protestantisme.[15] Sommige koren geven er de voorkeur

15 Klaas Vos en Ad van Nieuwpoort, '"Gewoon goede liederen zoeken". Een gesprek met Willem Barnard', in: Rinse Reeling Brouwer, Wim Kloppenburg e.a. (red.), *Om te gedenken. Over de noodzaak van liturgie*, Kampen, 2009, 61-65.

aan om daarom geen predikant uit te nodigen, maar iemand die affiniteit heeft met anglicaanse liturgie en zich houdt aan de teksten.

Over de houding van de bezoekers

In veel protestantse gemeentes staat de gemeente in een kerkdienst op zondagmorgen alleen aan het einde, bij het slotlied en de zegen. De vele aanwijzingen om te gaan staan tijdens de evensong kunnen dan verwarrend overkomen. Zoals ik al aangaf is het de intentie dat je niet alleen met je hoofd en je hart, maar ook met je hele lichaam instemt met de lofprijzing aan God. Op het moment dat de evensongbezoekers blijven zitten bij het Magnificat en Nunc dimittis, kan de evensong iets concertants krijgen. Door te gaan staan, laten de aanwezigen zien in te stemmen met de lofzang.

Over de houding bij het bidden

In Engeland wordt meestal geknield tijdens de voorbeden. In protestantse kerkgebouwen in Nederland zijn vrijwel geen knielbanken aanwezig. Ik zou er een pleidooi voor willen voeren om ook in protestantse kerken weer knielbanken of knielkussentjes in te voeren. Het is opvallend dat de reformator Johannes Calvijn in de *Institutie* (3, 20, 17) aangeeft een voorstander te zijn van knielend bidden in de liturgie. Hij verwijst hierbij naar Salomo, die het gebed bij de inwijding van de tempel knielend bidt (1 Kon. 8,54), en naar Psalm 95,6, waarin gelovigen opgeroepen worden: 'Ga binnen, laten wij buigen in aanbidding, knielen voor de HEER, onze Maker.'

'Evensong: ik noem het zingend bidden. Het verbindt mij met het goddelijke. Het is een mystiek gevoel van geraakt worden, boven mezelf en het lijden van de wereld/mijn leven uitgetild worden. Een gevoel dat niet in woorden uit te drukken is, maar waarvan de muziek de drager is.'

ZANGER EVENSONG

38 | FESTIVAL OF NINE LESSONS AND CAROLS[16]

'Hark! The herald angels sing: Glory to the newborn King!'
CHARLES WESLEY

In dit hoofdstuk staat het *Festival of Nine Lessons and Carols* centraal. Dit is geen choral evensong, maar omdat deze viering ongeveer gelijktijdig met de evensong is overgewaaid naar Nederland, besteed ik er kort aandacht aan.

Op kerstavond 1918 werd voor het eerst in de geschiedenis een Festival of Nine Lessons and Carols gehouden. Het is dus geen eeuwenoude traditie, zoals sommigen wellicht zullen denken. Het Festival vond plaats in King's College in Cambridge en was een initiatief van Eric Milner-White. Hij was als deken verbonden aan King's College en had tijdens de Eerste Wereldoorlog als legerkapelaan aan het front gediend. Het koor bestond op dat moment uit zestien sopranen; de mannenpartijen werden deels gezongen door de *choristers* en deels door de *lay clerks*. De muziek werd gedirigeerd door de organist Arthur Henry Mann. De orde van dienst was grotendeels ontleend aan de orde zoals opgesteld door bisschop E.W. Benson, de latere aartsbisschop van Canterbury. Benson had voor kerstavond 1880, toen een houten noodgebouw als kathedraal van Truro fungeerde, een eenvoudige, op het oude lectionarium gebaseerde orde ontworpen. Later vertelde zijn zoon hierover: 'My father arranged from ancient sources a little service for Christmas Eve – nine carols and nine lessons, which were read by various officers of the Church, beginning with a chorister, and ending, through the different grades, with the Bishop.'

In 1919 werden enkele wijzigingen aangebracht in de lezingen. Sindsdien staan de lezingen vast. Ook het openingslied 'Once in royal David's city' behoort tot het 'ordinarium' van de viering. De eerste strofe wordt traditioneel solistisch en onbegeleid gezongen door een *boy chorister*. Pas vlak voor aanvang van het Festival wordt de solist aangewezen. In 1928 werd de dienst in King's voor het eerst uitgezonden op de radio, waardoor deze bekendheid kreeg in heel Engeland en daarbuiten. Het Festival wordt jaarlijks uitgezonden, de enige onderbreking was in 1930. Wereld-

16 Dit hoofdstuk is een bewerking van: Hanna Rijken, 'A Festival of Nine Lessons and Carols', *Gregoriusblad. Over liturgische muziek*, jaargang 136, nr. 4 (2012), 24-27.

De kapel van King's College, Cambridge. (Foto: Hanna Rijken)

wijd zijn er miljoenen luisteraars. Sinds 1963 is de viering ook te volgen op televisie, ook zijn er vele platen en cd's uitgebracht.

De dienst begint om drie uur 's middags. Om verzekerd te zijn van een plaats, werd aangeraden om vóór negen uur 's ochtends in de rij plaats te nemen. Dit lange wachten leverde soms vriendschappen op tussen bezoekers van over de hele wereld. In 2019 is de uitgifte van de (gratis) toegangskaarten gewijzigd: belangstellenden kunnen 's ochtends vroeg een kaartje halen en hoeven niet meer een halve dag in de rij te staan.

Stephen Cleobury (1948-2019), van 1982 tot in het jaar van zijn overlijden de *director of music* van King's College, was er een voorstander van om ook hedendaagse carol-bewerkingen in de viering op te nemen. Sindsdien klinkt er jaarlijks één nieuwe carol, in opdracht voor het koor van King's College gecomponeerd. De eerste componist die die eer te beurt viel, was Lennox Berkely. Andere bekende namen zijn James Macmillan en John Rutter.

Opbouw

De orde van het eerste Festival of Lessons and Carols verschilt zoals gezegd niet veel van de viering heden ten dage. De negen lezingen staan vast en worden gelezen door vertegenwoordigers van het college, de stad Cambridge en de geestelijkheid. De opeenvolging van lectoren kent een hiërarchische structuur: de eerste *Lesson* wordt gelezen door een jong koorlid, de laatste door de provoost. De negen lezingen tijdens het Festival of Lessons and Carols zijn gekozen uit de verschillende vieringen rond Kerst: de nachtmis op 24 december, de dageraads- en hoogmis op kerstochtend, alsmede de getijdenvieringen.

De opbouw van het Festival is als volgt:

- Organ Preludes
- Processional Hymn: 'Once in Royal David's City'
- Bidding Prayer (Openingsgebed/nodiging)
- (Carol)
- First Lesson: Genesis 3,8-15; 17-19 (tuin van Eden)
- Second Lesson: Genesis 22,15-18 (belofte aan Abraham)
- Third Lesson: Jesaja 9,1; 5-6 (aankondiging van het licht)
- Fourth Lesson: Jesaja 11,1-3a; 4a; 6-9 (vrede en gerechtigheid door een telg van Isaï)
- Fifth Lesson: Lucas 1,26-35; 38 (aankondiging van de geboorte van Jezus)
- Sixth Lesson: Lucas 2,1; 3-7 (geboorte van Jezus)
- Seventh Lesson: Lucas 2,8-16 (herders en engelen)
- Eighth Lesson: Matteüs 2,1-12 (vlucht voor Herodes)
- Ninth Lesson: Johannes 1,1-14 (het Woord is mens geworden)
- Hymn: 'O Come, All Ye Faithful'
- Collect and Blessing
- Hymn: 'Hark! The Herald Angels Sing'
- (Organ Voluntaries)
- Organ Postlude

Na iedere lezing worden twee carols gezongen door het koor, een verdubbeling dus van het aantal in 1918.

Carols

Het woord 'carol' is al een aantal keer gevallen; tijd voor een nadere beschouwing hierover.[17] In het dagelijkse Nederlandse taalgebruik wordt met 'carol' een Engels(talig) kerstlied bedoeld. Maar een carol hoeft niet per definitie een kerstlied te zijn. En op de Engelse factor valt ook het een en ander af te dingen, daar kom ik later op terug. De aanduiding 'volkslied' is eerder op zijn plaats. Volgens de samenstellers van *The Ox-*

17 Zie ook S. 't Hart, 'Sing Nowell!', in: *Muziek & Liturgie*, jaargang 78, nr. 6 (2009).

ford Book of Carols is het woord 'carol' afgeleid van het Franse werkwoord *caroler*, dat zoiets betekent als dansen en zingen tegelijk. Hoe het ook zij: dansen en bewegen horen vanouds bij het zingen van carols. De auteurs van de inleiding van *The Oxford Book of Carols* zien in het verhaal van David die dansend en zingend voor de ark uitging een mooi voorbeeld van 'gewijde volksmuziek'.[18]

De bloeitijd van de carol ligt in de late middeleeuwen. Tijdens het Kerstfeest, dat acht volle dagen duurde, vonden luisterrijke processies en banketten plaats. Het is aannemelijk dat daarbij veel gezongen werd. Een voorbeeld van de oudste Engelstalige carols is het vijftiende-eeuwse 'Ther is no rose of swych vertu' (There is no rose of such virtue). Mogelijk nog ouder zijn mengtaalliederen als 'Nova, nova 'Ave' fit ex 'Eva'' en 'Gabriell off hye degre, he came down from Trinite'. Dergelijke liederen kunnen als tegenhanger van het Latijns-Duitse/Nederlandse 'In dulci jubilo' worden beschouwd. De allereerste carols zijn volledig in het Latijn geschreven en dateren uit de dertiende eeuw. De oerversies van 'Angelus ad virginem' en 'Verbum caro factum est' zijn daar voorbeelden van.

Tijdens de Commonwealth werd het zingen van carols aan banden gelegd. De carols die in de zeventiende en achttiende eeuw zijn ontstaan, zijn vooral kerk- en niet zozeer volksliederen.

Het bekendste voorbeeld uit deze periode is 'Joy to the world' van Isaac Watts. De melodie 'naar G.F. Handel' is waarschijnlijk jonger en dateert in ieder geval van vóór 1833. In de negentiende en het begin van de twintigste eeuw werden honderden carols herontdekt, bewerkt en vertaald. Ralph Vaughan Williams, Gustav Holst en anderen trokken eropuit om uit de mond van oudere plattelanders volksliederen te noteren. De beroemde 'Sussex Carol' is slechts een van de vele liederen die zodoende aan de vergetelheid zijn ontrukt. Het resultaat van dit alles werd gebundeld in *The Oxford Book of Carols*, waarvan de eerste druk in 1928 verscheen. Een andere bron van 'nieuwe oude' carols was de bundel *Piae Cantiones* uit 1582. De priester John Mason Neale (1818-1866) vertaalde een groot aantal kerstliederen hieruit in het Engels. Liederen als 'Personent hodie', 'Puer nobis nascitur' en 'Gaudete, gaudete!' zijn niet meer weg te denken uit de Engelse caroltraditie, alsof ze al eeuwenlang gezongen worden. In werkelijkheid zijn ze pas bijna drie eeuwen na hun oorspronkelijke uitgave in Engeland terechtgekomen. Ondanks de vertalingen van Neale worden de meeste liederen uit *Piae Cantiones* nu (weer) in hun oorspronkelijke taal, het Latijn dus, gezongen. De Engelse

18 P. Dearmer, M. Shaw en R. Vaughan Williams (ed.), *The Oxford Book of Carols*, Oxford/New York, 1928/1964/1993.

carols vormen, kortom, sinds de negentiende eeuw een bont en internationaal geheel, met hoogtepunten uit vele eeuwen en plaatsen.

In de praktijk

Dankzij de radio- en televisie-uitzendingen door de BBC en de vele plaat- en cd-opnames die op de markt kwamen, werd het Festival of Lessons and Carols ook in Nederland populair. En: op steeds meer plaatsen werden (en worden) ook hier diensten gehouden onder deze tot de verbeelding sprekende naam. Het is opvallend dat het Festival niet alleen in de kerkelijke context, maar ook in het concertcircuit een plaats heeft veroverd.

De eerste vraag die bij de voorbereiding van een Festival of Lessons and Carols komt kijken, betreft de taal: Nederlands of Engels? Uit onderzoek uit 2019[19] blijkt dat in meer dan negentig procent van de Nederlandse Festivals gekozen wordt voor carols in het Engels.

Wie op zoek is naar Engelstalige carols kan onder meer putten uit de volgende drie bundels: *The New Oxford Book of Carols*, *The Shorter New Oxford Book of Carols* en *100 Carols for Choirs*. Het eerstgenoemde werk is ontstaan vanuit de behoefte aan een nieuw standaardwerk met carols als opvolger van *The Oxford Book of Carols* uit 1928. De carols worden zoveel mogelijk in de oorspronkelijke, of althans oudst bekende vorm gepresenteerd. Er zijn ongeveer 200 carols opgenomen (niet alleen voor Kerst) die voorzien zijn van een werkelijk voortreffelijke verantwoording en documentatie over herkomst, componist en dichter en eventuele bijzonderheden. *The Shorter New Oxford Book of Carols* is de meer compacte editie van *The New Oxford Book of Carols*. Het bevat 122 carols, waaronder de bekendste, echter zonder het uitvoerige historische en tekstkritische commentaar.

100 Carols for Choirs is, zoals de titel aangeeft, vooral een koorboek. Het accent ligt op negentiende- en vooral twintigste-eeuwse carolcomposities. De samenstellers John Rutter en David Willcocks hebben, naast hun eigen zettingen, bewerkingen opgenomen van Elizabeth Poston, Ralph Vaughan Williams en anderen.

Nederlandse vertalingen van Engelse *Christmas carols* zijn onder meer te vinden in het *Liedboek* (2013), het *Oud-Katholiek Gezangboek*, *Gezangen voor Liturgie*, *A Festival of Lessons and Carols met Nederlandse tekst* (een uitgave van kerkzang.nl), en in de twee bundels *Het liefste lied van overzee* van Sytze de Vries.

19 Hanna Rijken, onderzoek naar Festivals of Nine Lessons and Carols in Nederland, 2019.

39 | DE BELANGSTELLING VOOR CHORAL EVENSONGS IN NEDERLAND

'Through musical beauty, the sacred is encountered. Sacred music (...) can open up the pathways to experiencing the inexpressible divine.'

JONATHAN ARNOLD[20]

Waarom is de choral evensong zo geliefd in Nederland? Waarom zingen koorzangers zo graag een evensong en waarom komen er zoveel mensen op af? Welke betekenis heeft de evensong voor hen? Tijdens mijn promotieonderzoek 'My Soul Doth Magnify'[21] vertelden de geïnterviewden mij over hun liefde voor de evensong.

Allereerst werd de schoonheid ('perfect beauty') van de muziek, taal en de ruimte in de evensong benoemd. Deelnemers vertelden over het verlangen naar sacraliteit: een heilige ruimte en stilte. Ook rituele aspecten werden benoemd, zoals het gebruik van de rituele taal (het oude Engels), waardoor in plaats van de begrijpelijkheid juist het geheimenis wordt vergroot, de processie en het keren naar het oosten. De schoonheid lijkt in de choral evensong nauw samen te hangen met ervaringen van transcendentie. Mensen geven aan dat hun ziel wordt opgetild. 'Het is alsof je even op een berg dicht bij God in het hemelse licht vertoeft, en na de evensong weer afdaalt en de wereld ingaat.' Veel evensongbezoekers beschreven een contrastervaring met gebruikelijke protestantse zondagmorgenvieringen. Ze bekritiseerden de nadruk op het verbale aspect in deze vieringen. Ook werden laagdrempelig taalgebruik en de rumoerige sfeer bekritiseerd. Volgens de geïnterviewden vormt de hoge kwaliteit van de muziek in de evensong ook een contrast met de muziek in veel protestantse praktijken.

Ook verbinding werd benoemd als een belangrijke kwaliteit. Mensen ervaren een verbinding tussen gelovigen uit de breedte van de kerk (orthodox- of vrijzinnig-protestants, rooms- en oud-katholiek, etc.), evenals een verbinding tussen tussen kerkelijken en niet-kerkelijken,

20 Jonathan Arnold, *Sacred Music*, 151, 149.
21 Rijken, *'My Soul Doth Magnify'*, 2020.

en tussen hemel en aarde. Muziek lijkt hierin een belangrijke brugfunctie te vervullen.

Uit het postdoctoraal onderzoek naar ervaringen in de evensong komt verder naar voren dat verstilling en het gaande houden van de lofzang belangrijke redenen zijn waarom mensen naar de evensong gaan.
In de (meeste) evensongs in Nederland komen drie invloeden samen: een anglicaanse choral evensong, een protestantse kerkdienst en een koorconcert. Deze invloeden worden gemengd tot een nieuwe vorm die we een (Nederlands) 'choral-evensongritueel' zouden kunnen noemen en die populair is in Nederland. De uitvoering van de evensongs beweegt zich tussen de verschillende invloeden.

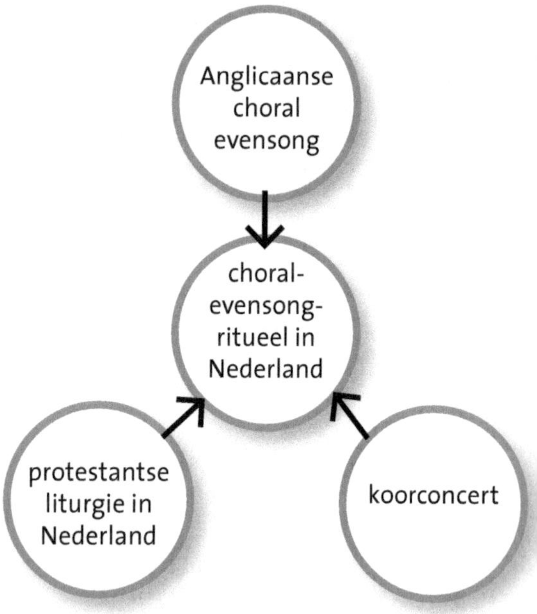

Choral-evensongritueel in Nederland, drie verschillende invloeden.
(Beeld: dissertatie Hanna Rijken)

Vanuit anglicaans gezichtspunt zijn de evensongs in Nederland concertanter en minder geritualiseerd. Vanuit een Nederlands protestants gezichtspunt zijn de evensongs 'gekathedraliseerd' en juist geritualiseerd. Vanuit het concertante gezichtspunt zijn de choral-evensongs geritualiseerde koorconcerten met een processie, gebeden en lezingen.

De populariteit van de choral evensong wijst op een veranderende religiositeit met een wending naar 'perfect beauty and holiness'.

40 | SLOT

'Muziek en poëzie zijn de twee vleugels waarop de ziel, door hoop en liefde bewogen, omhoog gedragen wordt naar God.'
TOEGESCHREVEN AAN AMBROSIUS VAN MILAAN (339-379)

Het mooie van de choral evensong is dat deze geschikt is om oecumenisch te vieren. Het liefst zo vaak mogelijk! Zo kan vanuit de oecumene de lofzang en het gebed gaande gehouden worden. Ik hoop dat er in protestantse contexten een (nieuwe) bezinning komt op ruimte, sacraliteit en de rol van het koor. Tevens hoop ik dat er materiaal ontwikkeld wordt om oecumenisch evensongs te vieren, zoals een interkerkelijke kalender en leesrooster. Het is mijn vurige wens dat er (nog meer) koorscholen komen in Nederland, gekoppeld aan kerken. Jonge stemmen moeten getraind worden, zodat ze nu en later de lofzang kunnen zingen. Goede scholing kost geld. Het is uiterst urgent dat kerken het belang van scholing inzien en gaan investeren in koorscholing. Eeuwenlang vond het muziekonderwijs letterlijk en figuurlijk onder het dak van de kerk plaats. Er ontstaan steeds meer initiatieven op dit gebied buiten de kerk, wat ik van harte toejuich, maar zou het niet een kerntaak van de kerk moeten zijn? Vanwege het verlangen naar schoonheid, om missionaire redenen, maar bovenal om God de hoogste lof te kunnen toezingen.

'... the experience of beauty also points beyond this world, to a "kingdom of ends" in which our immortal longings and desire for perfection are finally answered.'
ROGER SCRUTON[22]

22 R. Scruton, *Beauty*, 145.

DANKWOORD

Graag dank ik iedereen die heeft bijgedragen aan de totstandkoming van dit boek.

Kort na mijn promotie in december 2017 kwam Nico de Waal, destijds uitgever van KokBoekcentrum, met het idee om een boek over de choral evensong te schrijven als handreiking voor iedereen die geïnteresseerd is in anglicaanse liturgie en kerkmuziek. Dank voor het opperen en voor de stimulans om te gaan schrijven. En dank aan Arjen van Trigt, de huidige uitgever van KokBoekencentrum, voor het meedenken op weg naar de publicatie en voor het accepteren van het manuscript. Graag bedank ik Inge Slings, bureauredacteur, voor het zorgvuldig lezen en corrigeren van de tekst, voor haar waardevolle opmerkingen en voor de fijne samenwerking. Anton Sinke dank ik voor de fraaie vormgeving van het boek.

Dank aan mevrouw Staples voor het schenken van de boeken over anglicaanse liturgie van wijlen haar echtgenoot Peter Staples (1935-2012). Ik heb er veel plezier van gehad bij het schrijven van dit boek.

De hoofdstukken 34, 35, 36 en 39 zijn gebaseerd op de uitkomsten van mijn proefschrift. Tijdens mijn promotietraject hebben prof. dr. Marcel Barnard en dr. Martin Hoondert intensief meegedacht en hebben we samen aan artikelen gewerkt. Dank voor de inspirerende gesprekken over choral evensongs in Nederland.

Dank aan allen die mij in de achterliggende jaren informatie over anglicaanse liturgie hebben gegeven, hebben meegedacht over vieren in verbondenheid en me op de hoogte hielden van ontwikkelingen op het gebied van de choral evensongs in Nederland. Dank aan zangers, dirigenten, organisten, evensongliefhebbers, componisten, dichters en voorgangers, voor hun bereidheid om hun ervaringen met me te delen.

Dank aan mgr. Dirk van Leeuwen voor het kritisch doorlezen van het manuscript en voor de waardevolle opmerkingen. Zijn kennis van liturgische zaken in zowel de anglicaanse kerk als de Protestantse Kerk in Nederland was van grote waarde.

Tot slot, veel dank aan Sebastiaan 't Hart, mijn echtgenoot, voor het meedenken en meelezen met het boek. En voor de stimulans om vol te houden en om steeds weer naar Engeland terug te gaan om opnieuw geïnspireerd te raken. Wat hebben we veel mooie choral evensongs meegemaakt overzee. Vaak dagdroomden we erover hoe het zou zijn om deze prachtige vorm van liturgie dagelijks te kunnen vieren. Deze ervaringen waren een bron van inspiratie bij het schrijven van dit boek.

Utrecht, Advent 2021

LITERATUUR

Arnold, Jonathan, *Sacred Music in a Secular Society*, Farnham, 2014.

Barnard, Marcel en Niek Schuman, *Nieuwe wegen in de liturgie. De weg van de liturgie – een vervolg*, Zoetermeer, 2002.

Barnard, Marcel, Johan Cilliers en Cas Wepener, *Worship in the Network Culture. Liturgical Ritual Studies, Fields and Methods, Concepts and Metaphors* (= Liturgia Condenda 28), Leuven/Paris/Walpole MA, 2014.

Barnard, Marcel, *Tot Gods Eer. Handreiking voor gesprekken over liturgie*, Utrecht, 2018.

Barnard, Willem, *Papier als reisgenoot*, Haarlem, 1975.

Barnard, Willem, *Op een stoel staan. Van zondag tot zondag. Herfst en winter*, Haarlem, 1979.

Barnard, Willem, *Psalmgetier. Gepeins bij de psalmen*, Zoetermeer, 2004.

Barnard, Willem, *Orthodox of niks. Notities en overpeinzingen*, Zoetermeer, 2008.

Barnard, Willem, *Een zon diep in de nacht. De verzamelde dagboeken 1945-2005*, Vught, 2009.

Bradshaw, Paul, *Early Christian Worship. A basic introduction to ideas and practice*, Londen, 1996/2010.

Bradshaw, P. (ed.), *The New Westminster Dictionary of Liturgy & Worship*, Louisville, 2002.

Bradshaw, Paul en Peter Moger, *Worship changes lives. How it works, why it matters*, Londen, 2008.

Brinkhoff, L., e.a. (red.), *Liturgisch Woordenboek (I)*, Roermond en Maaseik, 1958-1961.

Clifton, Thomas, 'The poetices of musical silence', in: *The musical quarterly* 62/2 (1976).

Crapo, R.H., *Anthropology of Religion. The Unity and Diversity of Religions*, New York, 2003.

Dearmer, P., M. Shaw en R. Vaughan Williams (ed.), *The Oxford Book of Carols*, Oxford/New York, 1928/1964/1993.

McDonald, Jack en Jo Jan Vandenheerde, *De Anglicaanse Kerk. Een inleiding voor Nederlandstaligen*, Averbode, 2015.

Earey, Mark, *Liturgical Worship. A basic introduction – revised and expanded edition*, Londen, 2018.

Fens, Stijn, 'Ik vind het geen fijne tijd voor humor', interview met Herman Finkers, *Trouw*, 25 december 2016.

Goodall, J., 'Orientation', in: Paul Bradshaw (eds.), *The New Westminster Dictionary of Liturgy & Worship*. Louisville/London, 2002.
Groot, Siem (red.), *De lof Gods geef ik stem. Inzichten en achtergronden van de vocale muziek in de rooms-katholieke eredienst*, Baarn, 1993.
Hart, Sebastiaan 't, 'Sing Nowell!', in: *Muziek & Liturgie*, jaargang 78, nr. 6 (2009).
Hefling, Charles en Cynthia Shattuck (ed.), *The Oxford Guide to the Book of Common Prayer. A worldwide Survey*, Oxford, 2006.
Hermans, J., *Het getijdengebed. Liturgie en spiritualiteit van het getijdenboek*, Oegstgeest, 1995.
Huijgen, A., *Maria. Icoon van genade*, Utrecht, 2021.
Huray, Peter le, *Music and the Reformation in England 1549-1660* (Cambridge Studies in Music), 1967/1978.
Jackson, F. (ed.), *Anthem for Choirs (I)*, Oxford, 1973.
Jungmann, J.A., *De eredienst van de katholieke kerk*, Roermond, 1959.
Leijssen, L. (red.), *De Psalmen. Gebeden van de mensheid, gebeden van Israël, gebeden van de Kerk. Verslagboek van het negende liturgiecolloquium van het Liturgisch Instituut van de Katholieke Universiteit te Leuven* (= Nikè Reeks 25), Leuven/Amersfoort, 1998.
Long, Kenneth R., *The Music of the English Church*, Londen, 1972.
Millard, James Elwin, *Historical Notices of the Office of Choristers*, Londen, 1848.
Miskotte, K.H., *Feest in de voorhof*, Amsterdam, 1951.
Mohrmann, C., *Liturgical Latin: its Origins and Character. Three Lectures*, Londen, 1957/1959.
Moses, John (red.), *One Equall Light. An Anthology of the Writings of John Donne*, Norwich, 2003.
Neill, Stephen, *Anglicanism*, Oxford, 1977[4].
Nichols, Bridget, 'Prayer', in: Juliette Day en Benjamin Gordon-Taylor, *The Study of Liturgy and Worship. An Alcuin Guide* (SPCK), Londen, 2013.
Noyens, Hans (red.), *Handboek van de koormuziek. De belangrijkste componisten en werken van 1400 tot nu*, Utrecht, 2012.
Oost, Gert, *'My Soul Doth Magnify the Lord'. Over het zingen van Engelse Evensongs in Nederland. Publikatie ter gelegenheid van het 10-jarig bestaan van de Schola Davidica Utrecht (met een inleiding van Pieter Oussoren)*, z.p., 1994.
Oskamp, Paul, 'Gebeden en gaven', in: Paul Oskamp en Niek Schuman (red.), *De weg van de liturgie. Tradities, achtergronden praktijk*, Zoetermeer, 1998[2].
Peeters, Bernardus, 'Zwijgen. Stilte', in: Marcel Barnard en Paul Post, *Ri-*

tueel bestek. Antropologische kernwoorden van de liturgie, Zoetermeer, 2001.
Platten, Aiden (red.), *Grasping the heel of heaven. Liturgy, leadership and ministry in today's church*, Canterbury, 2018.
Post, Paul, 'From Identity to Accent. The Ritual Studies Perspective of Fields of the Sacred', in: *PThl*, 33/1 (2013).
Procter, Francis en Walter Howard Frere, *A new history of the Book of Common Prayer. With a Rationale of its offices*, New York, 1958.
Rappaport, R.A., *Ritual and Religion in the Making of Humanity* (= Cambridge Studies in Social and Cultural Anthropology 110), Cambridge, 1999.
Ratcliff, E.C., 'The Choir Offices' in: W.K. Lowther Clarke, D.D. and Charles Harris, D.D., *Liturgy and Worship. A Companion to the Prayer Books of the Anglican Communion*, Londen, 1959.
Rijken, Hanna, 'A Festival of Nine Lessons and Carols', in: *Gregoriusblad. Over liturgische muziek*, 136/4 (2012).
Rijken, Hanna, '"O, Praise ye the Lord!" De Anglican Choral Evensong in Nederland', in: Bert Dicou, Claartje Kruijff en Joost Röselaers, *Ons leven vieren. Remonstranten en anderen over liturgie, met een ruime keus aan teksten en rituelen uit de praktijk*, Utrecht, 2019.
Rijken, Hanna, *'My Soul Doth Magnifiy.' The Appropriation of Anglican Choral Evensong in the Netherlands*, Amsterdam, 2020.
Saliers, Don E., *Worship as Theology. Foretaste of glory divine*, Nashville, 1994.
Scruton, Roger, *Beauty. A very short Introduction*, Oxford, 2011.
Sluis, D.J. van der, P.J. Tomson, D.J. van Uden en W.A.C. Whitlau (red.), *Elke morgen nieuw. Inleiding tot de Joodse gedachtenwereld aan de hand van een van de centrale Joodse gebeden, het Achttiengebed*, Amsterdam, 1978.
Valkestijn, Jan, 'De anglicaanse traditie', in: Jan Luth, Jan Pasveer en Jan Smelik (red.), *Het kerklied. Een geschiedenis*, Zoetermeer, 2001.
Vos, Klaas en Ad van Nieuwpoort, '"Gewoon goede liederen zoeken". Een gesprek met Willem Barnard', in: Rinse Reeling Brouwer, Wim Kloppenburg e.a. (red.), *Om te gedenken. Over de noodzaak van liturgie*, Kampen, 2009.
Warren, Norman, 'Singing in God's Choir', in: *The Choristers's Companion*, Sittingbourne, 1989[2].
Williams, Rowan, *Wat is heilig? Christendom voor mensen van vandaag*, Heeswijk-Dinther, 2018.
Wright, J.R., *The Sarum Use. An addres given at the Miller Theatre*, New York, 2000.

The Book of Common Prayer with the additions and deviations proposed in 1928.

Amsterdamse Katernen.

De stem van David. De psalmen vertaald en bewerkt voor studie, meditatie en gebed en om te zingen in kloosterlijke koorstijl vertaald door Pieter Oussoren in samenwerking met Gert Oost.

Dienstboek - een proeve. Schrift, maaltijd, gebed (1998).

Dienstboek - een proeve. Leven, zegen, gemeenschap (2004).

Sint Benedictus' Regel voor monniken (Latijn-Nederlands), vertaald en ingeleid door F. Vromen OSB, Sint-Willibrordsabdij-Slangenburg, 1997.